MARCO ⊕ POLO

WARSCHAU

Reisen mit Insider Tipps

> Warschau ist eher zurückhaltend, eine herbe Schönheit. Unter dieser etwas rauen Oberfläche aber verbirgt sich wirklich Wunderbares. Ich kenne kaum eine Stadt in Europa, die sich so schnell verändert.
> *MARCO POLO Korrespondent*
> *Knut Krohn*
> (siehe S. 130)

Spezielle News, Lesermeinungen und Angebote zu Warschau:
www.marcopolo.de/warschau

WARSCHAU

> SYMBOLE

MARCO POLO INSIDER-TIPPS
Von unseren Autoren für Sie entdeckt

MARCO POLO HIGHLIGHTS
Alles, was Sie in Warschau kennen sollten

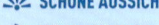 **SCHÖNE AUSSICHT**

 **WLAN-HOTSPOT**

▶▶ **HIER TRIFFT SICH DIE SZENE**

> PREISKATEGORIEN

HOTELS
€€€ über 110 Euro
€€   70–110 Euro
€   unter 70 Euro
Die Preise gelten für zwei Personen im Doppelzimmer mit Frühstück

RESTAURANTS
€€€ über 18 Euro
€€   10–18 Euro
€   unter 10 Euro
Die Preise gelten für ein Hauptgericht ohne Getränke

> KARTEN

[114 A1] Seitenzahlen und Koordinaten für den Cityatlas Warschau

[0] außerhalb des Kartenausschnitts

Metroplan im hinteren Umschlag

Zu Ihrer Orientierung sind auch die Objekte mit Koordinaten versehen, die nicht im Cityatlas eingetragen sind

> DIE BESTEN MARCO POLO HIGHLIGHTS

 Museum des Warschauer Aufstands (Muzeum Powstania Warszawskiego)
Das Museum erinnert an den Warschauer Aufstand gegen die Nazi-Okkupation 1944 (Seite 51)

Powązkowski-Friedhof (Cmentarz Powązkowski)
Auf dem Friedhof mit gewaltigen Ausmaßen, beeindruckenden Kapellen und Grabsteinen ruht das Who is who der polnischen Geschichte (Seite 52)

Schloss Wilanów und Plakatmuseum
Die traditionelle Sommerresidenz der polnischen Könige erstrahlt nach der Renovierung prachtvoller denn je (Seite 53)

 Folk Gospoda
Typisch polnische Küche: herzhaft und deftig. Dazu Livemusik und eine rustikal-ausgelassene Atmosphäre (Seite 62)

Złote Tarasy
Größtes Einkaufszentrum Mitteleuropas in preisgekrönter Architektur mit wellenförmigem Glasdach (Seite 69)

Akwarium
Der berühmteste Jazzclub Polens erlebt nach vielen Jahren Pause seine Renaissance (Seite 74)

Königsweg (Trakt Królewski)
Architektonische und landschaftliche Höhepunkte säumen den 10 km langen Weg vom Schlossplatz bis nach Wilanów (Seite 90)

WAS FÜR EINE STADT!

Altstadtmarkt mit der Sirene

AUFTAKT

> Warschau ist eine faszinierende Stadt, eine Stadt im Umbruch, widersprüchlich, aufregend, und noch längst nicht fertig. Die hübsche Altstadt will nicht zu den Betongebirgen aus sozialistischer Zeit passen, die sie umgeben. Der Kulturpalast im stalinistischen Zuckerbäckerstil ragt zwischen Wolkenkratzern und hypermodernen Einkaufszentren in den Himmel. Warschau lebt in der Erinnerung an die totale Zerstörung im Zweiten Weltkrieg und entwickelt sich doch mit unglaublicher Geschwindigkeit in Richtung Zukunft. Bewahren, entstehen und vergehen liegen in der Millionenmetropole verwirrend nahe beieinander.

> Königsschloss und Helden der Arbeit, Tempel des Kapitalismus und Partys in Abbruchhäusern: In Polens Hauptstadt geht alles zusammen. Da ist die kleine Altstadt mit ihren malerischen Gassen und den schönen Kaufmannshäusern, umgeben vom Betongebirge sozialistischer

> *Atemberaubende Kontraste machen den Reiz der Stadt aus*

Plattenbauten. Von vergangenen Epochen zeugen Kirchen in katholisch-barocker Pracht, doch alles wird überragt von einem Kulturpalast, der einst den Sieg des Stalinismus symbolisieren sollte. Daneben die Wahrzeichen des neuen Warschaus: spiegelverglaste Wolkenkratzer und gigantische Einkaufszentren.

Lebte der Maler Bernardo Bellotto (1697–1768) – als Canaletto bekannt geworden und berühmt für seine präzisen Stadtansichten – im Hier und Heute, seine Gemälde sähen wohl etwas anders aus. Vielleicht gäben Sie

den großartigen Panoramablick von der zweigeschossigen grünen Danziger Brücke (Most Gdański) wieder: links der alte, wieder lebendige Stadtteil Praga, rechts die City mit ihrer wachsenden Skyline aus Wolkenkratzern und Bürotürmen.

Es sind diese stellenweise atemberaubenden Kontraste, die den Reiz Warschaus ausmachen, weniger die gewachsene Schönheit klassischer Architektur. Mit der Aura einer jahrhundertealten Baukunst kann die polnische Hauptstadt nämlich nicht mehr dienen: Warschau war am Ende des Zweiten Weltkriegs zu über 90 Prozent zerstört. Nahezu alles, was alt aussieht, ist Kopie des zerstörten Originals, bis ins Detail meisterlich rekonstruiert: Kirchen, Paläste, ganze Straßenzüge, die komplette Altstadt. Die Gemälde Canalettos spielten dabei übrigens eine entscheidende Rolle, denn es fanden sich kaum bessere Vorlagen als jene 23

Alles ist in Bewegung: Warschaus Kneipen-, Club- und Konzertszene boomt

akkuraten Ansichten, die heute die Ausstellung im ebenfalls wiederaufgebauten Königsschloss krönen.

Warschau, seine Wiedergeburt inbegriffen, ist in diesem Sinn auch ein großes Memorial einer bewegten und tragischen Geschichte. Deren Zeugnissen begegnet man in der Stadt auf Schritt und Tritt. Gedenktafeln und viele Denkmäler ehren die Freiheitskämpfer gegen die Zarenherrschaft und die Sowjetbesatzung, doch vor allem die Aufständischen gegen die Okkupation durch die Deutschen während des Zweiten Weltkriegs. Freiheit war in der polnischen Geschichte nie selbstverständlich.

> **> Warschau ist ein Memorial seiner bewegten Geschichte**

Warschau ist eine vergleichsweise junge Hauptstadt. Die Krakauer betonen gern, dass ihr Ort schon Zentrum

des Königreichs Polen war, als in Warschau noch die Kühe grasten. Um das Jahr 1300 wurde Warszawa erstmals urkundlich erwähnt, doch erst 1596 stieg es zur Hauptstadt auf, als König Zygmunt (Sigismund) III., gebürtiger Spross der schwedischen Wasa-Familie, seine Residenz hierher verlegte. Ende des 18. Jhs. zog die dunkle Zeit der Teilungen auf – ein Kapitel, das noch heute das Geschichtsbild der Polen stark prägt. Die mächtigen Nachbarn Preußen, Russland und Österreich-Ungarn rissen sich in drei Schritten 1772, 1793 und 1795 das ganze Land unter den Nagel. Polen verschwand von der europäischen Landkarte. Warschau fiel nach der dritten Teilung an Preußen und wurde erst 1918 wieder Hauptstadt einer freien Republik. Die Goldenen Zwanziger brachten der Stadt einen gewaltigen Boom, die Metropole expandierte, blühte auf.

Mit der Okkupation durch die Nazis 1939 endete dieser kurze Frühling so schnell, wie er gekommen war. Sechs Jahre lang litt Warschau unter der Terrorherrschaft. 1943 kam es zum Aufstand im jüdischen Ghetto. Der ungleiche Kampf endete mit einem Blutbad. Noch mehr Opfer forderte der Warschauer Aufstand ein Jahr danach. Als die Rote Armee so nahe war, dass man auf Hilfe hoffen konnte, erhob sich die Untergrundbewegung der *Armia Krajowa* (Heimatarmee) gegen die deutschen Besatzer. Aber die sowjetische Unterstützung blieb aus, die Deutschen schlugen den Aufstand nieder und legten als Vergeltung fast ganz Warschau in Schutt und Asche.

Doch die Bewohner kehrten zurück und unternahmen große Anstrengungen, die Stadt schnell auferstehen zu lassen. Eine Millionenstadt komplett

> Paradox: Bauboom und doch akute Wohnungsnot

zu restaurieren, dazu waren die Menschen freilich nicht in der Lage. Daher trat anstelle des historischen Warschaus in vielen Vierteln der Zweckbau des Betonzeitalters: Plattenblocks, die das Stadtbild bis heute dominieren.

So schlicht und schmucklos die sozialistischen Herrscher die Wohnsiedlungen der Arbeiterklasse entwarfen, so prunkvoll bauten sie die öffentlichen Gebäude, Symbole der Macht: die Gebäude der Staatsbank und die Residenz der Kommunistischen Partei am Drei-Kreuze-Platz *(plac Trzech Krzyży)*, die Skulpturen der „Helden der Arbeit" am plac Konstytucji und die Marszałkowska-Straße, in ihrer gewalzten Breite wie geschaffen für 1.-Mai-Paraden. Und alles dominierend der Kulturpalast, Nachkriegsgeschenk der Sowjetunion, hartnäckig ungeliebt und inzwischen doch zum Wahrzeichen Warschaus avanciert.

Doch das Stadtbild wird nicht nur von den Kontrasten der Innenstadt geprägt. Warschau hat auch sehr exklusive Viertel, rings um das Adelsschloss Wilanów etwa oder das Diplomatenviertel von Saska Kępa mit seinen wundervollen Parks. Für manchen Warschau-Insider am spannendsten ist die Metropole des neuen Europas mit ihren knapp 1,7 Mio. Einwohnern dort, wo sie sich vieles von ihrer ursprünglichen Gestalt bewahrte. Besonders im Stadtteil Praga rechts der Weichsel: Hier stand 1944 schon die Rote Armee, daher ließen die Deutschen das Viertel unangetastet. Im einst als Hochburg der Kleinkriminellen berüchtigten Praga finden sich noch die meisten Altbauten – einige mit abgeblätterten Fassaden, andere frisch renoviert. Mittendrin wächst eine alternative Kneipen-, Club- und Konzertszene in Abbruchhäusern oder Industriebauten.

Unterdessen werden die Brachflächen, die es nach dem Sturz des Kommunismus 1989 im Herzen der Stadt noch immer gab, zusehends vom neuen Warschau gefüllt. In einer Art Wettlauf um die lukrativsten Lagen und ambitioniertesten Projekte wachsen luxuriöse Hotels und die Zentralen von Unternehmen, die ihr im Boom der letzten Jahre reichlich verdientes Geld in das Hochziehen futuristischer Hochhäuser stecken.

Paradox: Trotz des Baubooms herrscht in Warschau nach wie vor akute Wohnungsnot. Sozialer Wohnungsbau findet kaum noch statt, und in puncto Immobilienpreise hat Warschau längst Westniveau erreicht. Dennoch kauft sich jeder, der es irgendwie kann, eine kleine Wohnung. Immerhin sind in der Hauptstadt im Unterschied zur Landesarbeitslosenrate von 16 Prozent nur 6 Prozent arbeitslos gemeldet. Das Durchschnittsgehalt beträgt umgerechnet fast 900 Euro gegenüber 700 Euro im

Rest des Landes. So gibt es inzwischen eine Mittelschicht, die zwischen den Verlierern der Transformation und den neuen Höchstverdienern, die sich Luxusapartments gönnen, steht.

Wegen der verlockenden Möglichkeiten träumen viele Polen davon, in der Hauptstadt Karriere zu machen.

Auch touristisch hat sich in den letzten Jahren viel getan. Die pulsierende Lebendigkeit einer europäischen Großstadt, viele wiederaufgebaute Sehenswürdigkeiten neben neuen, architektonisch wagemutigen Wahrzeichen und nicht zuletzt ein bunter Mix aus Einkaufszentren, Factory-Outlets und Boutiquen, der längst das Zeug

Atemberaubend: Die Metropole des neuen Europas auf dem Weg in Richtung Zukunft

Die Metropole bietet Arbeitsplätze, Aufstiegschancen und ein Kulturleben, das in seiner Vielfalt längst

> *Die pulsierende Lebendigkeit lockt vor allem junge Leute*

manch westliche Großstadt in den Schatten stellt. Und das lockt vor allem junge Leute nach Warschau.

zum Shopping-Insidertipp hat: Zu erleben gibt es in Warschau wirklich mehr als genug. Im Zeitalter der Billigflieger lohnt sich die Stadt mittlerweile auch für einen Kurzbesuch. Ist es vom Berliner Alexanderplatz bis zur Sigismundsäule vor Warschaus Königsschloss doch auch nicht weiter als zum Kölner Dom. Warschau liegt sozusagen mittendrin im neuen Europa.

▶▶ TREND GUIDE WARSCHAU

Die heißesten Entdeckungen und Hotspots! Unser Szene-Scout zeigt Ihnen, was angesagt ist

Anna Bober

Die Szenejournalistin und PR-Frau aus Warschau kennt sich in ihrer Stadt aus. Die Clubs und Galerien sind ihr zweites Zuhause. Immer auf der Suche nach den neuesten Trends, scheut sie keine Mühe und probiert jede neue Sportart oder Fashion-Richtung gleich selbst aus. Und wenn sie mal dem Berufs- und Alltagsstress entfliehen will, geht sie Teetrinken oder in eines der angesagten Restaurants.

▶▶ STREETART

Kunst an den Wänden

Beim Spaziergang durch die City sollte man die Augen offen halten, denn junge Künstler nutzen alte Mauern als Leinwände. An immer mehr Orten darf legal gesprayt werden. In Tarchomin, einem Teil von Praga, stehen gleich mehrere Wände zur freien Verfügung, die auch *Twożywo* für ihre knallig-bunten Malereien nutzt. Die Künstlergruppe verwandelt trostlose Mauern in bunte Flächen mit Botschaft *(www.twozywo.art.pl,* Foto). Die neuesten und verrücktesten Kunstwerke gibt's jedes Jahr während dem *Streetart Jam* zu sehen. Wer sich hier anmeldet, darf auf extra ausgesuchten Flächen sprayen und malen *(Anmelden unter www.vlepvnet.bzzz.net/saj).* Noch mehr Festivalflair bietet das *International Street Art Festival:* Die Installationen und Performances finden in den Tunneln, Shopping Malls, Metrostationen und an Tram- und Bushaltestellen statt *(Info bei: Stowarzyszenie Scena 96, ul. Raszyńska 32/44 lok 140m, www.sztukaulicy.pl).*

SZENE

▶▶ PARKOUR

Die Stadt als Spielplatz

Mauern, Parkbänke, Zäune – Parkour-
teams machen die City kurzerhand zum
Sportplatz. Allen voran das *BlackTown
Freerun Team* (http://parkour.com.pl).
Die Jungs machen vor keinem Hinder-
nis halt. Per Mail kann man mit ihnen
einen Treffpunkt vereinbaren und
sich Tricks zeigen lassen. Auch
die Mitglieder von *Warsaw Parkour*
(www.warsawparkour.com, Foto) kennen die Strecken in der Stadt wie ihre Westenta-
sche. Auf ihrer Website gibt es nicht nur die neuesten Moves zu sehen, sie verraten auch
die besten Trainingsplätze der Stadt und betreiben einen Blog zum Thema. Spaßig: Die
Mona Lovers (www.myspace.com/monalovers). Das Laien-Parkourteam bestehend aus
drei jungen Locals – springt auf den Trendzug mit auf und stellt seine Übungen ins Netz.
Das Internetmagazin *e-Parkour* (http://e-parkour.pl) informiert Insider. Darin zu sehen
sind Bilderstrecken von Jumps, Reportagen über Wettkämpfe und einiges mehr.

▶▶ DER NEUE SOUND

Hip-Hop aus dem Untergrund

Der Rap der Hauptstadt orientiert sich zwar an
internationalen Vorbildern, die neuen MCs
feilen aber immer stärker am eigenen Sound
und kombinieren wild drauf los – so wie *Ba-
nalny Serwis* (www.banalnyserwis.pl). Die
Kombo mixt groovige Hip-Hop-Beats mit Pop.
Dazu wird in der Landessprache gerappt,
was zum besonderen Sound beiträgt. Auch
DJ Spox (www.myspace.com/djspox) geht
neue Wege. Von seinen Plattentellern kommt tanzbarer Hip-Hop gemixt mit Elektro-
sounds und Funk Beats. Die besten Rapper treffen sich regelmäßig im *Harlem* auf der
Livebattle zum Kräftemessen (ul. Kolejowa 8/10, www.warsaw-harlem.com)!

▶▶ KREATIVE KRAFT

Fashion auf dem Vormasch

Schick und innovativ! Die jungen Designer sprühen nur so vor Energie und verwirklichen ihre kreativen Ideen. Die Fashion-Designerin Ewa Ciepielewska ist eines der vielversprechendsten Talente. Ihre Kleider sind vor allem eines: feminin. Die Stoffe bestehen aus edlen und fließenden Materialien. Ein Touch Romantik mit einer Portion Coolness gemischt, macht den Reiz ihrer Kollektionen aus (*ul. Wańkowicza 7, www.ciepielewska.pl*). Die *Young Polish Designers Foundation* versteht sich als Förderer der Modeszene und sorgt dafür, dass junge Talente wie Dora Krincy oder Małgorzata Chruściel eine Plattform bekommen. Ihre traumhaft weiblichen Kreationen kann man im Shop der Foundation bewundern und kaufen (*Ch Promenada, ul. Ostrobramska 75c, www.ypdf.org,* Foto). Wer wissen will, was es Neues gibt, schaut sich auf der *Warsaw Fashion Street* um. Hier tragen die Models die Entwürfe von unbekannten Newcomern (*www.warsawfashionstreet.com*).

▶▶ JAZZTAURANTS

Essen als Rundumerlebnis

Was die neuen Restaurants gemeinsam haben? Eine extravagante Küche und Jazzmusik, die live während des Essens gespielt wird. Die Lust auf Neues wird im *Rabarbar* befriedigt: Der Treffpunkt der Szenepeople lockt nicht nur mit ausgefallenen Fondue-Kreationen – hier kann man sich auch zwischen dem romantischen Prinzessinnenraum oder der verruchten Bar/Lounge mit roten Wänden entscheiden – und das alles, während im Hintergrund eine Band Jazz spielt (*Wierzbowa 9/11, Pl.Teatralny, www.rabarbar.pl*). Das *Nu Jazz Bistro* besticht nicht nur mit asiatischer Fusionküche à la Shrimps in Limonen-Tempura auf Spargel, sondern auch mit elegantem Design und Livejazz. Wobei die Bandbreite der Musik von klassisch bis modern reicht (*ul. Żurawia 6/12, www.jazzbistro.pl*). Filmreif speisen Gourmets im *Sofa*. In futuristischem Ambiente heißt es mediterranes Fusionfood genießen und über die Jazzportraits, die an den Wänden hängen, fachsimpeln (*E. Plater 28, www.sofa.waw.pl*).

▶▶ OMAS GUTE STUBE

Abwarten und Tee trinken

Gemütlichkeit steht hoch im Kurs. Zum Stadtgespräch trifft man sich mit Freunden in Teestuben. In der *Czaji Bar & Herbaciarnia* bekommt man die ausgefallensten Teesorten wie Granny's Garden oder Rosehip in zartem Porzellan serviert *(Dom Dochodowy, plac Trzech Krzyży 3, www.czaji.pl, Foto)*. Bei Kerzenschein genießt man im *Same Fusy* kräftige Tees und gute Gespräche *(ul. Nowomiejska 10, www.samefusy.pl)*. Ein bunter Mix aus Sofas und Ohrensesseln ist das Kennzeichen des *Smacza Jama*. Tipp: Durch die Teekarte probieren und die leckersten Sorten im angeschlossenen Shop gleich für zu Hause kaufen *(Skierniewicka 21, www.smaczajama.pl)*.

▶▶ FIRE & ICE

Action im Schnee

Wer hätte das gedacht – Warschau avanciert zum Mekka für Wintersportbegeisterte. Eben fertiggestellt: die Ski- und Snowboardpiste im Szczęśliwicki-Park. Auf der riesigen Skianlage mit Schlepp- und Sessellift herrscht Alpenfeeling mitten in der City *(ul. Drawska 22, Park Szczęśliwicki, www.stok.waw.pl)*. Das lässigste Outfit und beste Equipment für Boarder gibt's im Snowboardshop *Flow Polska* *(ul. Krucza 23/31, www.flowshop.pl)*. In der modernisierten Eissporthalle *Torwar (ul. Łazienkowskiej 6a, www.torwar.info)* kommen Eisläufer voll auf ihre Kosten. Hier trifft Profi- auf Hobbyfahrer.

▶▶ GEMEINSAMKEIT

Gays & Lesbian: die neue Akzeptanz

Die Szene ist nicht mehr nur unter sich. Im *Tomba Tomba Club* feiern Gays und Heteros zusammen bis in die frühen Morgenstunden *(ul. Brzozowa 37, www.tomba-tomba.pl)*. Genauso in der *Bar Galeria (ul. plac Mirowski 1, www.galeria.sxx.pl)*. Hier beeindrucken z.B. Michael-Jackson-Imitationen, Drag-Queen-Shows und spontane Live-Performances Menschen mit offener Gesinnung. Wer Lust auf Unterhaltung und Party ohne Ende hat, findet hier die richtigen Leute. Reingehen und überraschen lassen. Alle Infos für Queers findet man übrigens unter dem Portal *www.innastrona.pl*.

> ## VON CHOPIN BIS WODKA
Kurioses, Wissenswertes und Alltägliches aus einer Stadt, die immer wieder für eine Überraschung gut ist

FRÉDÉRIC CHOPIN

Nur 38 Jahre alt ist Frédéric Chopin geworden, doch sein Schaffen leuchtet in der polnischen Nationalkultur als heller Stern. Für die Polen ist Chopin nicht nur der geniale Komponist und Pianist der Romantik, seine Werke symbolisieren auch Freiheitswillen und Nationalbewusstsein in Zeiten der Unterdrückung. Darum wird Chopin verehrt wie ein Heiliger.

Geboren 1810 im Dorf Żelazowa Wola bei Warschau als Sohn eines französischen Sprachlehrers und einer polnischen Adligen, kam Frédéric Chopin früh mit Musik und Literatur in Berührung. Schon als Siebenjähriger spielte er brillant Klavier und komponierte sein erstes Werk: die „Polonaise g-Moll". Warschau jauchzte vor Begeisterung: Die Stadt hatte ihr Wunderkind! Nach der musikalischen Ausbildung verließ der

Bild: Heiligkreuzkirche mit dem Nikolaus-Kopernikus-Denkmal

STICH WORTE

längst berühmte Frédéric Chopin 1830 die Hauptstadt Warschau, um sich in Paris anzusiedeln. Dort erfuhr er vom blutig niedergeschlagenen Aufstand der Polen gegen die zaristische Fremdherrschaft und schrieb, fast wahnsinnig vor patriotischem Schmerz, seine legendäre „Revolutionsetüde". Nationalstolz und Heimatliebe sollten von nun an das Schaffen des Komponisten leiten. Die meisten der über hundert Werke, die er hinterließ, vor allem aber die 14 Polonaisen und die für ihn typischen Mazurken, sind von Elementen der polnischen Volksmusik geprägt. Frédéric Chopin starb 1849 in Paris an den Folgen einer Tuberkulose. Sein Herz wurde, wie in seinem Testament verfügt, nach Warschau überführt und in der Heiligkreuzkirche beigesetzt. Chopins Geburtshaus in Żelazowa Wola ist heute ein viel besuchtes Museum *(www.chopin.pl)*.

METRO

Der Legende nach bot die Sowjetunion Warschau nach dem Krieg ein Geschenk an und ließ der Stadt die Wahl: Metro oder Kulturpalast. Wäre dies wahr, verdammte sicher jeder Warschauer die damaligen Machthaber für das Votum pro Palast. Schöne Metrostationen wie in Moskau sind der polnischen Hauptstadt also entgangen. Nach einem Viertel Jahrhundert ist nun die erste und bislang einzige (!) Linie fertig gestellt worden. Geplant ist der Bau einer zweiten Trasse, die unter der Weichsel verlaufen soll und angesichts der Staus auf den wenigen Brücken sehnlich erwartet wird. Diese Linie sollte zur Fußball-EM 2012 eingeweiht werden, doch wurde der Termin bereits nach hinten verschoben.

SIRENE

Zwei Schwestern sind die Symbole zweier Städte: Warschaus und Kopenhagens. Die beiden, so will es die Legende, waren Nixen und schwammen einst aus dem Atlantik in die Ostsee. Eine blieb in Dänemark, die andere schwamm weiter und erreichte über Danzig und die Weichsel schließlich Warschau. Ihr schöner Gesang reizte einen reichen Kaufmann, der auf die Idee kam, Geld mit der Meerjungfrau zu verdienen. Er entführte sie und stellte sie auf Jahrmärkten zur Schau. Doch ein tapferer Fischersohn befreite die Meerjungfrau und übergab sie wieder ihrem geliebten Element. Die *Syrena* versprach, als Dank von nun an die Stadt zu beschützen. Daher trägt sie auf dem Warschauer Wappen, das sie schmückt, Schwert und Schild.

WARSCHAUER AUFSTAND

Als die Rote Armee im Sommer 1944 auf ihrem Vormarsch nach Westen Warschau erreichte, erhoben sich dort am 1. August etwa 23 000 Freiheitskämpfer der Heimatarmee AK *(Armia Krajowa)* gegen die deutschen Besatzer. Die polnische Exilregierung, der die AK unterstand, wollte mit der Selbstbefreiung Warschaus auch sowjetischen Besitzansprüchen auf Polen zuvorkommen. Der ungleiche Kampf gegen die schwer bewaffneten Deutschen dauerte 63 Tage, doch der Freiheitswille der Warschauer scheiterte an der militärischen Übermacht und der brutalen Vernichtungsstrategie der Hitlerarmee. Nach der Kapitulation der AK am 2. Oktober erschossen SS-Einheiten mehr als 40 000 Zivilisten und legten auf Befehl Himmlers fast die gesamte Stadt in Schutt und Asche: Durch den Warschauer Aufstand verloren über 200 000 Polen ihr Leben. Die sowjetischen Truppen standen währenddessen am anderen Ufer der Weichsel, griffen aber nicht ein. Stalin hatte seinen Offizieren jegliche Hilfe untersagt, weil er kein Interesse an einem selbst befreiten, unabhängigen Polen hatte.

WEICHSEL

Die Weichsel, polnisch *Wisła,* trennt und verbindet zwei Stadtteile Warschaus. Darum ist der Fluss oft ein

Ärgernis, weil Grund für viele Staus vor den (zu wenigen) Brücken. Trotzdem mögen die Warschauer ihren Strom. Die Weichsel ist Polens heiliger Fluss und mit 1067 km auch der längste des Landes. Als *Biała Wisełka* (Weiße Weichsel) am Fuß des Widderbergs in den Westbeskiden entspringend, strömt er nordwärts durch geschichtsträchtige Städte wie Krakau und Thorn und mündet in einem breiten Delta westlich von Danzig in die Ostsee. Der Erste, der die Weichsel schriftlich erwähnte, war der Römer Plinius. Er nannte sie in seiner „Naturgeschichte" (77 n. Chr.) Vistula, später wurde Vicsla daraus. Der Strom und seine 24 Nebenflüsse entwässern ein Gebiet von fast 200 000 km^2. 914 km der Weichsel sind schiffbar. Als „Hafenstadt" hat es Warschau allerdings nicht leicht, denn oft ist der Wasserstand der Weichsel so niedrig, dass sogar leichte Ausflugsschiffe auf Grund laufen. Die Weichsel ist einer der letzten großen Flüsse Europas, die nicht befestigt wurden und ein natürliches Bett haben.

WODKA

Fast jeder Besucher in Warschau meint, dass er *wódka* trinken und dazu *na zdrowie!* ausrufen müsse. Tatsächlich war der klare Schnaps lange Zeit das polnische Nationalgetränk und wurde in den vergangenen Jahrzehnten in Unmengen konsumiert. Doch die Trinkgewohnheiten haben sich gewandelt: Bier trat seit der Wende unaufhaltsam seinen Siegeszug an. Und wenn schon Spirituosen getrunken werden, dann eher Drinks und Cocktails. Wodka pur hat es immer schwerer. Auf dem Dorf noch nicht so sehr, doch ganz bestimmt in Warschau.

> DAS KLIMA IM BLICK
Handeln statt reden   atmosfair

Reisen bereichert und verbindet Menschen und Kulturen. Jedoch: Wer reist, erzeugt auch CO$_2$. Dabei trägt der Flugverkehr mit bis zu 10 % zur globalen Erwärmung bei. Wer das Klima schützen will, sollte sich somit nach Möglichkeit für die schonendere Reiseform (wie z. B. die Bahn) entscheiden. Wenn keine Alternative zum Fliegen besteht, so kann man mit *atmosfair* handeln und klimafördernde Projekte unterstützen.

atmosfair ist eine gemeinnützige Klimaschutzorganisation.

Die Idee: Flugpassagiere spenden einen kilometerabhängigen Beitrag für die von ihnen verursachten Emissionen und finanzieren damit Projekte in Entwicklungsländern, die dort helfen den Ausstoß von Klimagasen zu verringern. Dazu berechnet man mit dem Emissionsrechner auf *www.atmosfair.de* wie viel CO$_2$ der Flug produziert und was es kostet, eine vergleichbare Menge Klimagase einzusparen (z. B. Berlin–London–Berlin: ca. 13 Euro). *atmosfair* garantiert, unter der Schirmherrschaft von Klaus Töpfer, die sorgfältige Verwendung Ihres Beitrags. Auch der MairDumont Verlag fliegt mit *atmosfair*.

Unterstützen auch Sie den Klimaschutz: *www.atmosfair.de*

FESTIVALS FÜR JEDEN GESCHMACK

Jazz und Klassik von höchster Qualität, Filme, Bücher und heidnische Rituale an der Weichsel

> Es ist schwer, Warschaus Fest- und Kulturkalender auf dem neuesten Stand zu halten, denn buchstäblich jedes Jahr werden neue Festivals und Ereignisse aus der Taufe gehoben. Besonders in musikalischer Hinsicht entwickelt sich die Stadt; Spitzenkünstler, vor allem in den Bereichen Klassik und Jazz, geben zahlreiche Konzerte. Eine Übersicht über aktuelle Veranstaltungen finden Sie unter: *www.warsawinsider.pl*

■ FEIERTAGE (ŚWIĘTA) ■

Behörden und Banken (aber nicht Geschäfte) bleiben an diesen Tagen geschlossen.
1. Januar: *Neujahr;* **Ostermontag;**
1. Mai: *Tag der Arbeit;* **3. Mai:** *Jahrestag der Verfassung vom 3. Mai 1791;* **Fronleichnam; 15. August:** *Mariä Himmelfahrt;* **1. November:** *Allerheiligen;*
11. November: *Jahrestag der Unabhängigkeit 1918;* **25./26. Dezember:** *Weihnachtsfeiertage*

■ FESTE UND VERANSTALTUNGEN ■

April
Das zweiwöchige *Beethoven-Festival* vereint jedes Jahr um die Osterzeit einige der besten Klassikinterpreten der Welt. Dabei wird außer Beethoven von Bach bis Jazzvariationen auf klassische Themen alles gespielt *(www.beetho ven.org.pl)*.

Mai
Internationale Buchmesse im Kulturpalast mit Tausenden der neuesten Werke aus aller Welt *(www.bookfair.pl)*.

Juni
Wianki – die kürzeste Nacht des Jahres wird in alter heidnischer Tradition als *Noc Świętojańska* oder *Noc Kupały* gefeiert, am schönsten zu beobachten am Weichselufer: Jungfrauen, Feuerwerk, Konzerte – alles, was dazugehört von mittags bis in die Nacht *(www.estrada. com.pl/wianki)*.

Inside Tipp

Aktuelle Events weltweit auf www.marcopolo.de/events

> EVENTS
FESTE & MEHR

Juli

Warschau entwickelt sich zum Hotspot für Jazzliebhaber, vor allem wegen der *Warsaw Summer Jazz Days* mit Größen wie Herbie Hancock, Bobby McFerrin und Paco de Lucía *(www.adamiakjazz.pl)*. Außerdem: *Jazz in der Altstadt* jeden Samstag, auch im August, mit Gratiskonzerten vor dem Königsschloss.

August

Beim *Wettbewerb der Parktheater (Konkurs Teatrów Ogródkowych)* präsentieren polnische und ausländische Bühnen ihre Inszenierungen im Frascati-Park. Beginn ist im Mai, im August laufen die Finalrunden. Der Wettbewerb ist Teil des *Sommerfestivals Warschauer Gärten*: Mo Theater, außerdem Tanz, Musik und Filme *(www.kto.kijowski.pl)*.

September

Das *Singer-Festival (Festiwal Kultury Żydowskiej Warszawa Singera)* lässt die jüdische Kultur mit ihrer reichen Geschichte in Warschau wieder aufleben. Mit Konzerten, Theaterspektakeln, Ausstellungen, Lesungen, Workshops, Filmen *(www.shalom.org.pl/eng)*.

Oktober

Das *FilmFest Warszawa* hat sich zum international beachteten Event gemausert. In mehreren Kinos werden cineastische Neuheiten aus aller Welt präsentiert, polnische Filme meist mit englischen Untertiteln *(www.wff.pl)*.
Das 50 Jahre alte *Jazz Jamboree* war das heißeste Festival im kommunistischen Polen mit Legenden wie Keith Jarrett, Thelonious Monk, Miles Davis, Duke Ellington und Dave Brubeck. Auch heute ein Muss für Jazzfans.

November

Wer an Allerheiligen in der Stadt ist, kommt zur Messe auf dem Powązki-Friedhof. Besonders beeindruckend ist ein Gang über den Friedhof nach Einbruch der Dunkelheit, wenn Zehntausende brennender Kerzen eine einmalige Atmosphäre schaffen.

> # WARSCHAUS SCHÄTZE

Überlaufene und vergessene Viertel, Straßen und Parks, kleine und große Kirchen, königliche und kommunistische Paläste

> **Warschau kennt nur einen Weg: den in die Zukunft. Nach dem Fall des eisernen Vorhangs hat sich keine andere polnische Stadt auf so atemberaubende Weise und in so rasantem Tempo verändert.**

Im Herzen ist Warschau noch urpolnisch, ein paar Straßenecken weiter türmen sich die Wohngebirge des Sozialismus, doch seit einigen Jahren wachsen die Spiegelglastürme des Kapitals in den Himmel. Die Warsaw Towers und die riesige Shopping Mall Złote Tarasy im Zentrum sind inzwischen zum Sinnbild der „Cash-Maschine Polens" geworden. Doch gehört es zum Schicksal dieser Stadt, dass sie – wie keine zweite in Polen – mit ihrer jüngsten Geschichte fest verwoben ist. Fast alles, was alt aussieht in Warschau, ist neu. Im Zweiten Weltkrieg wurde die Stadt dem Erdboden gleichgemacht und danach von ihren Bewohnern in einem unvergleichbaren Kraftakt nach histori-

Bild: Blick über die Weichsel auf die Altstadt

SEHENS WERTES

schem Vorbild wieder aufgebaut. Sozusagen als Anerkennung dafür,
wurde ihnen vom großen Bruder
Russland der Kulturpalast geschenkt,
das von den meisten ungeliebte
Wahrzeichen der Stadt im stalinistischen Zuckerbäckerstil. Warschau ist
also ein Kind vieler Zeiten, faszinie-
rend widersprüchlich. In diesem
Sinne hat die Millionenmetropole ihren Gästen viel zu bieten, viel zu zeigen, viel zu sagen.

Seit Jahren steigt die Zahl der
Menschen, die in Polens Hauptstadt
kommen. Aus diesem Grund wird die
touristische Infrastruktur kräftig ausgebaut und modernisiert. Im Innen-
stadtbereich weisen blaue Schilder
auf Polnisch und Englisch den Weg
zu den zahlreichen Sehenswürdigkeiten. Doch nicht nur das Königsschloss, die Kirchen von Gotik bis
Klassizismus, Jugendstilvillen und
Barockpaläste sind eine Reise wert.

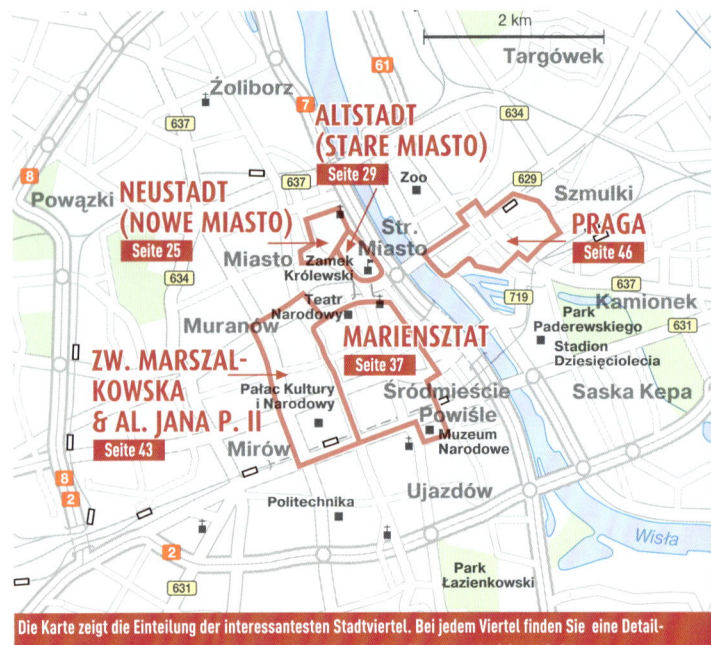

Die Karte zeigt die Einteilung der interessantesten Stadtviertel. Bei jedem Viertel finden Sie eine Detailkarte, in der alle beschriebenen Sehenswürdigkeiten mit einer Nummer verzeichnet sind

Auch die Museen Warschaus haben sich inzwischen einen internationalen Ruf erarbeitet. Mehr als 50 Ausstellungen widmen sich allem erdenklich Interessanten – von der Karikatur bis zur Geschichte der polnischen Armee, von der avantgardistischen Installation der Gegenwartskunst bis zu Gemälden von Klassikern wie Rembrandt, Dürer und Leonardo da Vinci. Auch Kurioses und Exotisches hat seinen Platz, etwa im Pazifik-, im Jagd- oder im Museum der Lederzunft. Für Geschichtsinteressierte sind das Nationalmuseum und das Schloss Pflicht. Bekannt sind Warschaus Museen auch dafür, dass sie sich ständig um Leihgaben aus aller Welt bemühen, um sie in mitunter spektakulären Sonderausstellungen zu präsentieren. Aus diesem Grund lohnt es sich immer, einen Blick in einen aktuellen Veranstaltungskalender zu werfen (z. B. *Warsaw Insider, www.warsaw insider.pl*). Die Museen und Galerien sind in der Regel vom späten Vormittag bis zum späten Nachmittag geöffnet und haben einen Ruhetag in der Woche, meist montags. Aus der kommunistischen Vergangenheit, als Bildung noch vor allem Volksbildung sein sollte, hat sich eine alte Tradition erhalten: Die meisten Museen haben an einem Tag der Woche freien Eintritt.

> *www.marcopolo.de/warschau*

NEUSTADT (NOWE MIASTO)

> **In der Altstadt residierten früher die reichen Kaufleute, die Neustadt war das Viertel der Handwerker.** Schon die Fas-

saden künden von diesem Unterschied. Sie sind weit weniger repräsentativ als auf der anderen Seite des Neustädtischen Tores und der Barbakane, einer im 16. Jh. errichteten Verstärkung des eigentlichen Tores. Doch dieser Teil der Stadt mit seinen Kopfsteinpflastern, den niedrigen Häusern, Res-

MARCO POLO HIGHLIGHTS

★ **Kulturpalast (Pałac Kultury i Nauki)**
Großes Zeugnis einer vergangenen Epoche (Seite 43)

★ **Galeria Zachęta**
Moderne Kunst von Weltrang im klassizistischen Prachtbau (Seite 38)

★ **Schloss Wilanów und Plakatmuseum**
Prachtresidenz des polnischen Adels und 54 000 Plakate (Seite 53)

★ **Altstadtmarkt (Rynek Starego Miasta)**
Hier schlägt das Herz der Stadt (Seite 30)

★ **Heiligkreuzkirche (kościół św. Krzyża)**
Ruhestätte von Chopins Herz (Seite 39)

★ **Praga**
Der etwas andere Stadtteil (Seite 46)

★ **Plac Piłsudskiego**
Wo die Nation ihre Helden feiert (Seite 41)

★ **Powązkowski-Friedhof (Cmentarz Powązkowski)**
Friedhof mit großen Namen (Seite 52)

★ **St.-Annen-Kirche (kościół św. Anny)**
Religiöses Schmuckkästchen von hohem Rang (Seite 35)

★ **Neustadtmarkt (Rynek Nowego Miasta)**
Historische Gebäude, gute Restaurants und das Geburtshaus von Marie Curie (Seite 28)

★ **Königsschloss (Zamek Królewski)**
Stolz der Warschauer und nobler Rahmen hochkarätiger Ausstellungen (Seite 33)

★ **Nationalmuseum (Muzeum Narodowe)**
Der Klassiker für die polnische Malerei der vergangenen Jahrhunderte und hochkarätige Ausstellungen (Seite 40)

★ **Museum des Warschauer Aufstands (Muzeum Powstania Warszawskiego)**
Multimediales Gedenken an den Warschauer Aufstand von 1944 (Seite 51)

★ **Plac Konstytucji**
Paradeplatz der Kommunisten, auf den die Marszałkowska führt (Seite 52)

taurants, Lokalen und Kirchen hat seinen ganz eigenen Charme und die Touristen beginnen ihn erst langsam zu entdecken. Etwas Abseits vom Besucherstrom liegt der über 600 Jahre alte Marktplatz, der *Rynek Nowego Miasta* (Neustadtmarkt). Entstanden ist dieser Teil Warschaus zu Beginn des 15. Jhs. Die Hauptstraße der Neustadt ist die ul. Freta, früher der Handelsweg von Warschau in Richtung Norden. Der Name der Straße soll sich von dem deutschen Wort „Freiheit" ableiten, mit dem die freien Märkte vor den Toren der Altstadt bezeichnet worden seien. Heute geht es zwischen den Geschäften mit Kunsthandwerk, Galerien und kleinen Restaurants wesentlich beschaulicher zu. Auffallend sind hier die vielen Ordensleute. In der Neustadt gibt es zahlreiche Kirchen und Klöster.

Exotisches an der Weichsel: im Asien- und Pazifikmuseum

1 ASIEN- UND PAZIFIKMUSEUM (MUZEUM AZJI I PACYFIKU)   [114 C2]

Das wohl exotischste Museum der Stadt bewahrt mehrere Tausend Exponate aus Afghanistan, China, Indien, Indonesien, der Mongolei, Nepal, Vietnam und Ozeanien und anderen Gebieten Südost- und Mittelasiens: von traditioneller Kleidung und Stoffen Dutzender Völker und Stämme über edles Geschirr bis hin zu Steinmetzarbeiten, die mehr als 1000 Jahre alt sind. In mehreren über die Stadt verteilten Galeriefilialen des Museums sind weitere, zeitlich begrenzte Ausstellungen asiatischer Kunst zu sehen. Vorträge, Workshops und eine Bibliothek mit 12 000 Bänden runden das Angebot ab. *Fr–So u. Di 13–19, Mi/Do 11–17 Uhr | Eintritt 5 Zł., Do frei | ul. Freta 5 | www.mu zeumazji.pl | Bus u.a. 180, 518 plac Zamkowy*

2 ULICA DŁUGA   [114 C2]   *Insider Tipp*

Ein Spaziergang von der Nowe Miasto ausgehend durch die „Lange Straße" *(ul. Długa)* lohnt sich. Die Straße war vor dem Krieg bekannt für ihre schönen Hotels und Geschäfte. Im Hotel Polski (Nr. 29) be-

kamen viele Warschauer Juden gegen hohe Bezahlung ausländische Pässe und konnten so dem sicheren Tod entgehen. Auf der anderen Straßenseite liegt das barocke Palais „Zu den vier Winden" *(Pałac Pod Czterema Wiatrami)*. Das Tor des Palais schmücken figürliche Darstellungen der Winde: Notos, Boreas, Zephyr und Euros. Durch die ul. Długa erreicht man auch das Denkmal zum Gedenken an die Helden des Warschauer Aufstandes von 1944 *(Pomnik Powstania Warszawskiego)*. Die Kämpfer verteidigen Barrikaden, einige steigen in einen Kanalisationsschacht, der während des Aufstandes als Verbindung zur Außenwelt diente. *Bus 180, 116, 518 pl. Krasiński*

3 HEILIGGEISTKIRCHE (KOŚCIÓŁ ŚW. DUCHA) [114 C2]

Die Kirche des Paulanerordens besteht seit gut 300 Jahren und war von Beginn an alljährlich der Ausgangspunkt für alle Warschauer Pilger, die sich auf den tagelangen Fußmarsch nach Tschenstochau machten, dem größten polnischen und einem der drei wichtigsten europäischen Wallfahrtsorte. König Jan Kazimierz hatte das Grundstück einst dem Paulanerorden aus Tschenstochau übertragen. Neben der Kirche steht ein kleiner, schon über zwei Jahrhunderte alter Kiosk. Er besitzt eine eigene Hausnummer und gilt daher als das kleinste Gebäude Warschaus. *ul. Długa 3 | Bus 116, 122, 174, 518 plac Krasiński*

4 KRASIŃSKI-PALAIS (PAŁAC KRASIŃSKICH) [114 B2]

Der niederländische Architeckt Tylman van Gameren entwarf 1677 Warschaus schönsten Barockpalast. An der prachtvollen Fassade wirkte ein junger Künstler mit, der sich später in Berlin einen Namen machen sollte: Andreas Schlüter. Heute beherbergt das von einem schönen Garten umgebene Palais am westlichen Rand der Neustadt die Nationalbibliothek. Zu deren Schätzen zählen Drucke aus dem 11. Jh. und eine kostbare Handschriftensammlung. Einen interessanten Kontrast zum barocken Palast bildet der gegenüber liegende Oberste Gerichtshof mit seiner modernen Spiegelfassade. Über die ul. Barokowa gelangt man in den Garten des Palais. Neben dem Sächsischen Garten ist er einer der ersten öffentlichen Parks in Warschau (1766), der früher besonders gern von der Bevölkerung des jüdischen Viertels besucht wurde. *Palac Krasińskich 3/5 | Bibliothek Mo–Fr 9–17 Uhr | Eintritt frei | Bus 180, 116, 518 pl. Krasińskich*

5 MUSEUM MARIE CURIE (MUZEUM MARII SKŁODOWSKIEJ-CURIE) [114 C1]

Insider Tipp

Jedes Kind in Polen kennt Maria Skłodowska. Außerhalb des Landes ist sie unter dem Namen Marie Curie bekannt. Die Polin heiratete, zog mit ihrem Mann nach Frankreich und wurde als Pionierin auf dem Forschungsgebiet der Radioaktivität weltberühmt. In dem Haus in der Warschauer Neustadt, in dem sie geboren wurde, ehrt ein Museum das Andenken der zweifachen Nobelpreisträgerin. Die Ausstellung zeigt Fotos ihres Lebens, persönliche Gegenstände wie Notizbücher, Briefe und Nachbauten eines Reaktors und ihres ersten Laboratoriums sowie der dazugehörigen Werkzeuge. Allerdings konzentriert sich das Museum eher auf das Privatleben von Marie Curie. Die Innenräume sind im Stil der damaligen Zeit gehalten. *Di 8.30–16, Mi–Fr 9.30–16, Sa 10–16, So 10–15 Uhr | Eintritt 8 Zl. | ul. Freta 16 | www.ptchem.lodz. pl/pl/muzeum.html | Bus u. a. 180, 116, 518 plac Zamkowy*

6 NEUSTADTMARKT (RYNEK NOWEGO MIASTA) ★ [114 C1]

Für diesen Platz gilt das Gleiche wie für die allermeisten Gebäude Warschaus. Was auf den ersten Blick historisch aussieht, ist meist relativ neu, da nach dem Krieg alles in Schutt und Asche lag. Das Haus an der Ecke von Markt und ul. Freta zum Beispiel wurde exakt nach einem Gemälde Canalettos renoviert. Am Rand des Marktes ziehen die weiße Sakramentskirche *(kościół św. Kazimierza)* und das Kloster der Sakramentienerinnen *(Klasztor Sakramentek)* die Blicke auf sich. Die Barockkirche mit großer Kuppel und dem weiß gehaltenen Innenraum entstand 1688 bis 1692 nach den Plänen des niederländischen Architekten Tylman van Gameren. Den Platz selbst ziert ein Brunnen aus Gusseisen aus der zweiten Hälfte des 19. Jhs., der hier aber erst 1958 aufgestellt wurde. Über den Marktplatz eilen viele Ordensleute, da es in der Gegend einige Klöster und Kirchen gibt. An Sommerabenden finden auf dem Platz oft Konzerte statt. *Bus u. a. 180, 116, 518 plac Zamkowy*

ALTSTADT (STARE MIASTO)

▶ Die Altstadt ist Warschaus Herz und Seele und für jeden Besucher ein Muss. Hier pulsiert das Leben zwischen wim-

wieder errichtet. Trotzdem sehen die alten Bürgerhäuser allesamt aus wie alt. Viele Besucher wollen kaum glauben, dass es Kopien sind – nach Fotografien, aber auch nach den berühmten Gemälden des Malers Canaletto rekonstruiert. Die für eine Millionenstadt eher übersichtliche Altstadt thront auf einem

Kontrast zum Krasiński-Palais: der Oberste Gerichtshof (1996–1999) mit seiner Glasfassade

melnder Alltagseile und Touristen. Heimat für ein buntes Volk aus Souvenirhändlern, Schauspielern, Schnellzeichnern und Droschkenkutschern. In der Altstadt sind die Ziegel aus vielen polnischen Städten verbaut, darunter Danzig, Elbing und Marienburg. Die Altstadt war nach dem Zweiten Weltkrieg komplett zerstört und wurde in einer nationalen Kraftanstrengung

Hang über der Weichsel und war mit einer mächtigen Stadtmauer aus dem 16. Jh. und den Wehrtürmen wie eine Festung angelegt. Auch die Reste einer gotischen Brücke sind anzuschauen (auf der Südseite des Schlossplatzes). Der kleine *Altstadtmarkt (Rynek Starego Miasta),* auf den alle Straßen zuführen, misst gerade mal 90 mal 73 m. Rund um den Marktplatz be-

ALTSTADT (STARE MIASTO)

finden sich berühmte Restaurants, schöne Cafés und Biergärten. Die Straße *Kamiene Schodki (Steintreppe)* führte im Mittelalter bis zum Weißen Tor in der Stadtmauer. Von hier aus genoss schon Napoleon den schönen Ausblick auf die Weichsel. Die *Krzywe-Koło-Straße (Krummer Kreis)* verläuft an der ehemaligen Wehrmauer entlang. Von der alten Bebauung blieb nur der Rest des Hauses Nr. 6 und ein spätgotischer Steinfries mit dem Buchstaben T an der Fassade der Nr. 7. Die Altstadt wurde 1980 in die Unesco-Liste des Weltkulturerbes aufgenommen.

1 ALTSTADTMARKT (RYNEK STAREGO MIASTA) ★ [115 D2]

Im Zentrum des Altstadtmarktes steht die Sirene, die Wappenfigur der Stadt Warschau. Geschaffen wurde die unverkennbar romantisch geprägte Bronzeskulptur der wehrhaften Nixe um 1850. Sie steht erst seit Kurzem wieder hier, an ihrem angestammten Platz. In den herrschaftlichen Häusern, die den Platz begrenzen und mit viel Liebe restauriert worden sind, befinden sich Restaurants, Galerien, Juweliergeschäfte und zahlreiche Souvenirläden. Allerdings erst im Sommer pulsiert auf dem Rynek das Leben. In Straßencafés, kleinen Biergärten und zwischen den Galerien unter freiem Himmel drängen sich die Menschen. Droschkenfahrer bieten ihre Dienste an, Leierkastenspieler bitten um einige Złoty, Blumenhändler bieten ihre Ware und Schnellzeichner ihre Dienste feil. Hier, an der Ecke zur Wąski Dunaj, steht auch das älteste Haus der Altstadt, eines der schönsten dazu: das *Haus zur heiligen Anna (Dom św. Anny)*. Die vier Seiten des Marktes sind nach den Teilnehmern des vierjährigen „Großen Sejm" (1788–1792) benannt. Namensgeber der Westseite ist Hugo Kołłątaj, Philosoph und Gründer des ersten Erziehungsministeriums in Europa (1773). Er war auch Mitautor der Verfassung vom 3. Mai 1791, die erste geschriebene Verfassungsurkunde in Europa. Die Nordseite des Platzes trägt den Namen Jan Deckerts (1738–1790), Oberbürgermeister Warschaus und Verfechter für Bürgerrechte. Der Osten ist nach Franciszek Barss benannt, auch er ein Vorkämpfer für die Bürgerrechte. Ignacy Zakrzewski, Stadtpräsident und Kommandant der Bürgermiliz während des Kościuszko-Aufstandes in Warschau 1794, ist der Namenspatron für die Südseite. *Bus u. a. 116, 180, 518 plac Zamkowy*

2 KATHEDRALE JOHANNES' DES TÄUFERS (KATEDRA ŚW. JANA CHRZCICIELA) [115 D2]

Die gotische Johannes-Kathedrale ist die älteste und bedeutendste Kirche der Stadt. Seit 1798 hat sie die Funktion eines Doms, seit 1817 ist sie die Kathedrale des Erzbistums Warschau. In der Krypta befinden sich

Schönster Platz und Herz der Altstadt: der Rynek Starego Miasta mit seinen Bürgerhäusern

die Gräber berühmter polnischer Persönlichkeiten. Zum Beispiel des letzten Königs Stanisław August Poniatowski, des Literaturnobelpreisträgers Henryk Sienkiewicz („Quo Vadis?") und des ersten polnischen Präsidenten nach dem Ersten Weltkrieg, Gabriel Narutowicz. Die Kathedrale wurde im Zweiten Weltkrieg völlig zerstört und unmittelbar danach wieder aufgebaut. Bemerkenswert sind die rekonstruierten alten Skulpturen und die Glasfenster mit Darstellungen polnischer Heiliger sowie das wertvolle Kruzifix. Bei der Wiedereinrichtung wurde zur Erinnerung an die Zerstörung durch deutsche Truppen in der Wand **die Raupenkette eines deutschen Panzers** eingearbeitet, der 1944 den südlichen Teil der Kathedrale zerstörte. *Krypta tgl. 10–13 und 15–17.30 Uhr | ul.*

Insider Tipp

Świętojańska 8 | Bus u. a. 116, 180, 518 plac Zamkowy

> BLOGS & PODCASTS
Gute Tagebücher und Files im Internet

> *http://beatroot.blogspot.com/* – Blog, das sich v. a. mit der Politik in Polen und Osteuropa beschäftigt. Aufgegriffen und auf bisweilen sehr witzige Art kommentiert werden aktuelle Themen.

> *www.ogrom.org* – Fototagebuch mit Aufnahmen v. a. aus Warschau, die ständig ergänzt werden. Festgehalten sind alltägliche Szenen, die viel über das Leben in der Stadt aussagen. Hilfreich: Links zu verschiedenen Info-Seiten über die Stadt.

> *http://www.peacenikhurler.blogspot.com/* – Tagebuch eines heimwehkranken Iren mit witzigen Texten

> *http://warsaw.cafebabel.com/en/* – Professionelles Blog mit Hinweisen auf Veranstaltungen, die von den Besuchern kommentiert werden. Gute Info-Quelle auch für Leute, die länger in Warschau bleiben wollen. Das Blog kooperiert mit dem europäischen Erasmus-Austauschprogramm für Studenten, die ihre Erfahrungen weitergeben.

> *http://www.polskieradio.pl/podcasting/radio/zagranica.aspx* – Ein Angebot des polnischen Radios, das u. a. auch auf Deutsch über das Geschehen in Polen informiert. Guter Überblick über aktuelle Themen.

Für den Inhalt der Blogs & Podcasts übernimmt die MARCO POLO Redaktion keine Verantwortung.

Der Königsplatz mit dem Königsschloss ist Aussichtspunkt und Tor zur Altstadt

3 KÖNIGSSCHLOSS (ZAMEK KRÓLEWSKI) ⭐ [115 D3]

Königreich und Untergang, Neugeburt als Republik, Kriegszerstörung und Wiederaufbau: An keiner Gedenkstätte Warschaus sind Wohl und Wehe der polnischen Geschichte eindrucksvoller und exemplarischer erlebbar als im Königsschloss an der Weichsel. Hinter der schlicht scheinenden roten Fassade erwarten den Besucher nicht nur Ausstellungen europäischer Kunst und adlige Hochkultur. Das Schloss bringt auch sein eigenes dramatisch-wechselvolles Schicksal in die historische Retrospektive ein.

Die Entstehung des Bauwerks wurzelt in der Zeit, als König Sigismund (Zygmunt) Wasa III. die Hauptstadt Polens von Krakau nach Warschau verlegte. Weil er dazu eine Residenz brauchte, ließ der Regent die Burg der Fürsten von Masowien 1599–1619 zu einem prachtvollen Fünfflügelbau ausbauen. Er beauftragte dazu die besten Baumeister, und das waren in der Zeit des Frühbarock Italiener: Giovanni Trevano, Giacomo Rodono und Matteo Castelli brauchten zwanzig Jahre, die Wünsche des Monarchen zu erfüllen. Im Lauf der Jahrhunderte wurde freilich, wie es in vielen Herrschaftshäusern üblich war, noch so oft an- und umgebaut, dass der Komplex heute Baustile von Rokoko bis Klassizismus vereint. In seiner wechselvollen Geschichte war das Schloss in Warschau Sitz des Staatsoberhauptes, aber auch Tagungsort des Parlaments.

Im Zweiten Weltkrieg wurde das Königsschloss komplett zerstört. Schon 1939 war es bei der Bombardierung Warschaus schwer getroffen worden, 1944 ließen die deutschen Besatzer die Ruinen sprengen. Zwar beschloss der Sejm, Polens Parlament, gleich nach dem Krieg den Wiederaufbau. Doch es sollte bis 1971 dauern, ehe endlich damit begonnen wurde. Die Warschauer hatten trotzdem nie daran gezweifelt, dass das Wahrzeichen ihrer Stadt wiederentstehen würde. Das Warschauer Schloss war immer auch ein nationales Symbol polnischer Identität. Als der Wiederaufbau begann, flossen Spenden – reichlich, auch aus dem Ausland. Inzwischen ist die detailgetreue Rekonstruktion, die sich großenteils an der frühbarocken Fassung Sigismunds III. orientiert, abgeschlossen. In den Ausstellungen und Sälen ist sogar ein großer Teil des originalen Interieurs zu bewundern – Möbel, Bilder, Skulpturen, Türen. Mutige Warschauer hatten die Einrichtungsgegenstände 1939 vor Beginn der großen Verwüstung durch die deutschen Okkupanten in Sicherheit gebracht.

Für Kunstliebhaber und Geschichtsfans ist das Schloss ein absolutes Muss. Rundgänge führen durch die Audienz-, Ball- und Rittersäle und die königlichen Privatgemächer.

Besonders sehenswert sind das *Marmorzimmer* mit 22 Porträts polnischer Könige, die klassizistische *Kapelle* und der *Senatorensaal*, wo 1791 die erste freiheitliche Verfassung Europas proklamiert wurde. Dort steht ein rekonstruierter Königsthron, die Wände sind geschmückt mit den Wappen aller polnischen Regionen. Auf zwei Etagen werden wechselnde Ausstellungen gezeigt, meist hochklassige Malerei. Als Kronjuwel des Schlosses gilt für die meisten Besucher der *Canalettosaal*. Der italienische Maler Bernardo Bellotto, genannt Canaletto, wurde durch seine Panoramabilder Dresdens berühmt. Seine letzten Jahre verbrachte er in Warschau. Im Schloss befinden sich 23 seiner eindrucksvollen Warschauporträts – eines davon das gewaltige Panoramagemälde der Stadt vom anderen Weichselufer aus gesehen. *Di–Sa 10–16, So 11–16 Uhr, letzter Einlass 1 Stunde früher, Reservierung Di–Fr 9–14 Uhr | Tel. 02 26 57 23 38 | Eintritt 10 Zł., So Eintritt frei | plac Zamkowy 4 | www.zamek-krolewski.com.pl | Bus u. a. 180, 518 plac Zamkowy*

> ENTSPANNEN & GENIESSEN
Wellness mit der Millionenstadt zu Füßen

Im Riverview Wellness Centre des Hotels Intercontinental lassen sich die Gäste nicht nur von den Wellnessprogrammen verwöhnen, sondern genießen auch eine einmalige Sicht auf ganz Warschau. Das Zentrum liegt nämlich im 43. und 44. Stockwerk des 2003 entstandenen Gebäudes. Auf über 1000 m² finden Sie Swimmingpool, Jacuzzi, Sauna, Dampfbad, einen Aerobic- und Fitnessraum mit verschiedenen Geräten sowie ein Schönheitscenter. Das Personal Training (einmaliger Eintritt) kostet umgerechnet ca. 30 Euro. *Mo–Fr 6–23, Sa/So 9–21 Uhr | ul. Emilii Plater | Tel. 02 23 28 88 88 | www.ichotelsgroup.com/h/d/ic/1/en/hotel/WRSHA | Bus u. a. 500, 510 Dworzec Centralny*

4 PLAC ZAMKOWY
(SCHLOSSPLATZ)
[115 D3]

Der Schlossplatz mit der Sigismundsäule in seiner Mitte ist nicht sehr
groß, bildet aber den Ausgangspunkt
des Königsweges und gilt als das ei-
gentliche Zentrum der Stadt. Auf der
einen Seite geht es hinunter zu
Weichsel und zum Schloss, auf der
anderen Seite beginnt die alte Stadtmauer, auf deren Resten man heute
entlang spazieren kann. Restaurants
mit kleinen Biergärten locken viele
Besucher an. Eine kleine Kuriosität
ist die lange ==Rolltreppe== (der Eingang
liegt etwas versteckt gegenüber dem
Schloss), die vom Schlossplatz hinunter zur Schnellstraße führt, die
unter dem Platz durchführt. Sie war
bei ihrer Inbetriebnahme 1949 die
erste elektrische Rolltreppe Polens
und ist erst vor Kurzem nach langer
Pause wieder in Betrieb genommen
worden. Alte Fotos beweisen, welch
eine Attraktion diese technische Er-
rungenschaft früher war. *Bus u. a.
116, 180, 518 plac Zamkowy*

Insider Tipp

5 ST.-ANNEN-KIRCHE
(KOŚCIÓŁ ŚW. ANNY) ⭐
[115 D3]

Ein Schmuckkästchen am Eingang
zur Altstadt, in Sichtweite des
Schlosses. Offiziell nicht die wichtigste Kirche der Stadt und auch eher
eines ihrer kleineren Gotteshäuser,
doch von großer Bedeutung für die
Warschauer. Auch Papst Benedikt
XVI. besuchte St. Anna bei seiner
Polenreise im Mai 2006. Das Gotteshaus hat den Status einer akademi-
schen Kirche und wird von Studen-
ten betreut. Ein barocker Rausch
empfängt den Besucher im Inneren:
vergoldeter Schmuck an Wänden und

Ein Fest der Sinne: die St.-Annen-Kirche

Stirnseiten, ein prachtvoller Altar, üppig ausgemalte Deckengewölbe. Wegen der guten Akustik und der wunderschönen Orgel finden hier oft Konzerte statt. St. Annen ist eine der ältesten Kirchen Warschaus. Der Bau wurde schon 1454 im gotischen Stil begonnen, später kam es mehrfach zu Umgestaltungen. Ihr barock-klassi-

auf dem Schlossplatz und erinnert an die Verlegung der polnischen Hauptstadt von Krakau nach Warschau im Jahr 1596 unter König Sigismund III., der auf der fast 22 m hohen Säule steht. Von dort blickte der Spross der Wasa-Dynastie schon auf zahllose Liebespaare herab, die sich einer Tradition folgend hier zum ers-

Beliebter Treffpunkt für Einheimische und Touristen: die Sigismundsäule

zistisches Aussehen erhielt die Fassade erst 1788. Nach der Zerstörung im Krieg zwischen 1946 und 1962 wieder errichtet. *Krakowskie Przedmieście 68 | Bus u. a. 180, 518 plac Zamkowy*

6 SIGISMUNDSÄULE (KOLUMNA ZYGMUNTA) [115 D3]

Warschaus ältestes säkulares Denkmal. Seit 1644 steht die Säule mitten

ten Rendezvous treffen. Inzwischen schaut er jedoch weit häufiger auf Inlineskater, Touristen und Souvenirverkäufer. Früher wurden von der Säule aus alle offiziellen Entfernungen zwischen Warschau und dem Rest des Landes gemessen. Heute ist sie vor allem ein idealer Startpunkt für Stadtspaziergänge. *plac Zamkowy, Bus u. a. 116, 175, 180, 518 plac Zamkowy*

> *www.marcopolo.de/warschau*

7 STADTMUSEUM (MUZEUM HISTORYCZNE MIASTA) [115 D3]

In einer eindrucksvollen Retrospektive stellt das Haus am Altstadtmarkt die wechselhafte und ereignisreiche Geschichte Warschaus dar. Gezeigt werden Gemälde, Grafiken, Skulpturen, Kunsthandwerk, Münzen, Fotos, Bücher, Zeitschriften, Postkarten und vieles mehr. Hinzu kommen wechselnde Sonderausstellungen mit thematischem Bezug zur polnischen Hauptstadt. Im Kino des Museums laufen Filme zur Historie der Stadt, auch auf Englisch, Deutsch, Französisch, Italienisch und Spanisch. *Di/Do 11–18, Mi/Fr 10–15.30, Sa/So 10.30–16.30 Uhr | Eintritt 6 Zł. | Rynek Starego Miasta 28–42 | www.mhw.pl | Bus u. a. 180, 518 plac Zamkowy*

MARIENSZTAT

> Die Einwohner von Warschau überlassen die Altstadt den Touristen. Wenn die Einheimischen an einem sonnigen Tag flanieren wollen, gehen sie in die Mariensztat. Mitten durch dieses Stadtviertel laufen die Prachtstraßen Warschaus, die Nowy Świat und die Krakowskie Przedmieście (siehe auch Stadtspaziergänge „Der Königsweg"). In der Seitenstraße Foksal liegen bekannte Cafés und Restaurants, die an milden Sommerabenden mit ihren ausufernden Terrassen zum Laufsteg für die Schönen und die Prominenz der Stadt werden. In der ulica Chmielna, der einzigen wirklichen Fußgängerzone Warschaus, öffnen immer mehr Boutiquen ihre Türen. Wer sein Geld auf noble Weise ausgeben will, der ist hier am richtigen Ort. Und wem die nötigen Ideen für den Einkauf fehlen, der kann sich Inspirationen auf den Modenschauen holen, die im Sommer immer wieder auf dem Nowy Świat stattfinden. Dort finden sich auch die noblen Bürgerhäuser, die der Straße ein Pariser Flair verleihen. Doch die Gebäude sind nach dem Zweiten Weltkrieg nur an der Hauptstraße entlang wieder aufgebaut und in den letzten Jahren restauriert worden. Wer durch einen der zahlreichen Torbögen tritt und einen Blick in die Hinterhöfe wirft,

>LOW BUDGET

> Klassik kostenlos: Zwischen Mai und September können Sie jeden Sonntag um 12 und um 16 Uhr in herrlicher Umgebung im Łazienki-Park beim Chopin-Denkmal Klavierklängen lauschen. [121 E5] *Bus 116, 180, E-2 Łazienki-Park*

> Wer sich für Kriegsgerät aus dem 20. Jh. interessiert, der ist hier an der richtigen Adresse. Im Außenbereich des polnischen Kriegsmuseums stehen allerlei Panzer, Düsenflugzeuge und Hubschrauber: Eintritt frei. [118 C6] *Muzeum Wojska Polskiego | Al. Jerozolimskie 3 | Mi–So 10–16 Uhr*

> Um sich einen Überblick über die Stadt zu verschaffen, ist eine Fahrt mit dem Bus der Linie 180 ideal, der an vielen Sehenswürdigkeiten vorbei fährt. Auf kleinen Hinweistafeln im Bus selbst sind die Stationen angezeigt, wo es sich lohnt auszusteigen. *Ticket am Kiosk 2,80 Zł., beim Fahrer 3,50 Zł. (passend zahlen!)*

wird dort über das triste Einheitsgrau des sozialistischen Wohnungsbaus erstaunt sein. Doch mit zunehmendem Wohlstand schreitet auch die Renovierung der bisweilen maroden Häuser einher. Allerdings haben die Besitzer erkannt, dass sich mit dem Vermieten von Büros mehr Geld verdienen lässt als mit Wohnungen. Aus diesem Grund wohnen in Mariensztat immer weniger Leute.

1 GALERIA FOKSAL ▶▶ [118 B5] *Insider Tipp*

Die äußerlich unscheinbare Galerie, versteckt im einstigen Zamoyski-Palais am Ende der Straße Foksal, setzt seit Jahrzehnten Trends in der polnischen Avantgardekunst. Internationale Größen wie Joseph Beuys stellten hier Werke aus. Die Galerie ist bei Insidern landesweit für ihre Ausstellungen bekannt, während das breite Publikum noch nicht einmal in Warschau wirklich ihren Stellenwert einzuschätzen weiß. Sie ist auch ein Ort für ausgefallene Installations- und Filmprojekte. *Mo–Fr 12–17 Uhr | Eintritt frei | ul. Foksal 1/4 | www.galerisafoksal.pl | Bus 116, 175, 180, 518 Foksal*

2 GALERIA ZACHĘTA ⭐ [115 D6]

Das prachtvolle Gebäude nahe dem Grab des Unbekannten Soldaten, erbaut von 1899 bis 1903 als Sitz eines Kunstvereins, ist schon wegen seiner Architektur einen Besuch wert. Die Galerie Zachęta ist die größte und angesehenste Kunstgalerie Polens und bietet ständig wechselnde Ausstellungen moderner Kunst, nicht selten mit Werken von internationalem Rang, etwa von Henri de Toulouse-Lautrec, Pablo Picasso, Paul Cézanne, Roy Lichtenstein, Max Ernst oder Fernand Léger. Zum festen Bestand der Zachęta gehören 600 Gemälde, 2600 Grafiken, Zeichnungen, Radierungen sowie Skulpturen und Stoffe – mit Schwerpunkt auf den 1960er- und 1970er-Jahren. Sonderausstellungen sind oft historischen Themen gewidmet. Die Galerie

Die Galeria Zachęta ist das Zentrum Polens für zeitgenössische Kunst

schrieb auch schon selbst Geschichte: 1922 wurde hier der erste Präsident der Republik Polen, Gabriel Narutowicz, ermordet. *Di–So 12–20 Uhr | Eintritt 10 Zł., Do frei | pl. Małachowskiego 3 | www.zacheta. art.pl | Bus 106, 160, 460 Zachęta (Wunschhaltestelle)*

3 HEILIGKREUZKIRCHE (KOŚCIÓŁ ŚW. KRZYŻA) ⭐ [115 E6]

Eines der wichtigsten Gotteshäuser in Warschau mit einer großen Christusfigur über dem Eingang. Ende des 17. Jh. im Barockstil erbaut nach dem Vorbild der römischen St. Andrea Della Valle, mit einem 70 m langen, 39 m breiten und 20 m hohen Hauptschiff. Den Grundstein legte der legendäre König Jan III. Sobieski. Die größte Orgel Warschaus ist hier zu bewundern. Berühmt ist die Heiligkreuzkirche aber für etwas anderes: Hier wird das Herz von Frédéric Chopin aufbewahrt, wie es der polnische Nationalkomponist in seinem Testament verfügte. Sein Köper liegt in Paris begraben. Auf dem Chopin-Epitaph in der Kirche steht ein Zitat aus dem Matthäus-Evangelium: „Wo Dein Schatz, da ist auch Dein Herz" sowie die Inschrift „Für Frédéric Chopin – die Landsleute". Jeden Sonntag werden die Messen aus der Heiligkreuzkirche im Radio übertragen. *Krakowskie Przedmieście 3 | Bus u. a. 116, 180, 518 Uniwersytet*

🟥 4 KARIKATURENMUSEUM (MUZEUM KARYKATURY)   [115 D4]

Eine Perle der Warschauer Museumsszene, allein schon wegen der Lage in der Kozia-Straße *(ul. Kozia)* nahe der Altstadt, aber auch, weil es in ganz Europa nur wenige Karikaturenmuseen gibt. Zu sehen sind wechselnde Ausstellungen mit Karikaturen und (nicht immer jugendfreien) satirischen Zeichnungen – meist auf ein Thema oder auf einen Künstler zugeschnitten, wobei natürlich häufiger Werke polnischer Zeichner gezeigt werden. Eines der jüngsten Museen der Stadt, gegründet 1978, am jetzigen Ort erst seit 1983. Zum festen Repertoire der Einrichtung gehören 20 000 Werke, vom 18. Jh. bis heute. *Di–So 11–17, Do 11–18 Uhr | Eintritt 4 Zl., Sa Eintritt frei | ul. Kozia 11 | www.muzeumkarykatury.pl | Bus u. a. 180, 518 plac Zamkowy*

🟥 5 NATIONALMUSEUM (MUZEUM NARODOWE) ★   [118 B6]

Eines der größten und bedeutsamsten Museen Polens. Das Gebäude wurde 1926 gebaut und architektonisch im strengen Stil der neuen Sachlichkeit auf die Nutzung als Museum ausgerichtet. Der Grundstock einer nationalen Kunstsammlung in Warschau ist allerdings viel älter. Sie reicht als Museum der schönen Künste in die Mitte des 19. Jh. zurück. Plünderungen und der groß angelegte Kunstraub der Nazis brachten der Sammlung allerdings unersetzliche Verluste bei. Die heutige Ausstellung umfasst eine Gemäldegalerie u. a. mit Bildern von Rembrandt, Leonardo da Vinci und Lukas Cranach. Kunstliebhaber sei vor allem die Sammlung polnischer Malerei von der Renaissance bis in die Moderne empfohlen. Zum musealen Fundus gehören zudem eine Abteilung mittelalterlicher Handwerkskunst, herausragende Schnitz- und Steinmetzarbeiten schlesischer Meister und verschiedene Münzsammlungen. Bekannt ist das Nationalmuseum für seine herausragenden thematischen Wechselausstellungen. Aus diesem Grund sollte man unbedingt auf aktuelle Ankündigungen achten. *Di/Mi, Fr–So 10–16, Do 10–18 Uhr | Eintritt 17 Zl. für alle Ausstellungen, Sa frei für die festen Ausstellungen | Al. Jerozolimskie 3 | www.mnw.art.pl | Bus u. a. 116, 175, 180, 518 Foksal*

🟥 6 NATIONALTHEATER   [114 C4]
UND METROPOLITANHAUS   [115 D5]

Neben der Philharmonie der wichtigste Ort für klassische Musik in Warschau, mit dem größten Theatersaal Europas (1900 Plätze). Die klassizistische Fassade – auch sie wurde im Zweiten Weltkrieg zerstört und ist eine gelungene Rekonstruktion – beeindruckt mit antiken Säulen und kunstvollen Skulpturen. Vor dem Gebäude erstreckt sich der *Theaterplatz (plac Teatralny),* den regelmäßig Open-Air-Veranstaltungen und De-

des heftig diskutiert. Foster setzt ganz auf Glas und Stahl. Der Bau gibt allerdings nicht sofort sein Geheimnis preis. Erst wer den offenen, ovalen ==Innenhof mit den aufwendigen Wasserspielen== betritt, wird sich der Dimension dieser etwas futuristischen Baukunst bewusst. *plac Teatralny, Metro Ratusz*

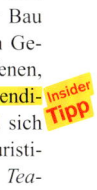
Insider Tipp

Ständig bewacht: das Grab des Unbekannten Soldaten am Piłsudski-Platz

monstrationen füllen. Vor dem Gebäude steht eine Skulptur des Dramatikers und Theatergründers Stanisław Moniuszko. Auf der Rückseite wird der Blick auf das Nationaltheater halb verstellt von einer wesentlich neueren Kreation: dem runden Metropolitan-Gebäude des britischen Stararchitekten Sir Norman Foster. Seit dem Bau Ende der 1990er-Jahre wird über die Ästhetik dieses Gebäu-

7 PLAC PIŁSUDSKIEGO ★ [115 D5]
Ein sehr großer, leerer Platz, benannt nach dem Marschall, der Polen 1918 in die Unabhängigkeit führte. Er wird häuft für Großveranstaltungen genutzt. Am Westende des Platzes befindet sich das Grab des Unbekannten Soldaten, eine Stätte zum Gedenken an namenlose im Kampf um die Freiheit Polens gefallene Helden. Das symbolische Grabmal, an dem

eine ewige Flamme brennt, liegt unter den Arkaden des ehemaligen Sächsischen Palais. Es wurde in den 1920er-Jahren errichtet, nach dem

wurde vor 300 Jahren im Auftrag des Sachsenkönigs August II. angelegt und 1727 als erster Park in Warschau für die Öffentlichkeit geöffnet. Alle-

Zweiten Weltkrieg in Teilen wieder aufgebaut und mit Urnen von Gefallenen aus allen Orten versehen, an denen Polen kämpften und starben. Die Gedenkstätte wird von Soldaten bewacht. Den feierlichen Wachwechsel kann man immer sonntags um 12 Uhr sehen. Den Plänen der Stadtoberen zufolge soll das gesamte Sächsische Palais in den kommenden Jahren wieder errichtet werden. Vermutlich wird es, wie das Königschloss, originalgetreu aufgebaut. Die Arkaden des ehemaligen Sächsischen Palais bilden den Eingang zum Ogród Saski. Der kleine Sächsische Garten

gorische Skulpturen, ein Brunnen, eine Sonnenuhr und verschiedene Denkmäler zieren die hübsche Grünanlage, in der man sich wunderbar vom Trubel der Stadt erholen kann. *Bus 106, 160, 310 plac Piłsudskiego*

■ UNIVERSITÄTSBIBLIOTHEK (BIBLIOTEKA UNIWERSYTECKA) [115 F4]
Etwas abseits, unterhalb des Königsweges, wurde 1999 die neue Universitätsbibliothek eröffnet. Ihre hellgrüne Fassade mit aufgeschlagenen Büchern und Inschriften in verschiedenen Sprachen, Musiknoten, mathematischen Zeichen und einem violet-

ten Kunstgerüst daneben symbolisiert die Vielfalt der bibliophilen Schätze, die in diesem Haus gehütet werden. Höhepunkt des Ensembles ist der **Bibliotheksgarten**. Verwinkelte Wege und Pflanzentunnel führen vorbei an botanischen Raritäten und kleinen Wasserbiotopen hin zu ❊ Aussichtspunkten mit schönem Blick auf die Weichsel und das Stadtzentrum. Vom Garten gelangt man über eine lange Treppe (es gibt auch einen Fahrstuhl) auf das Dach des Gebäudes. Durch die großen, runden Fenster kann man in den Hauptsaal der Bibliothek hinabblicken, wo die Studenten unter dem imposanten Glas-Stahl-Gewölbe ihren Lesestoff zusammensuchen. *ul. Dobra 56/66 | Bus 118, 150, 506 Biblioteka Uniwersytecka*

ZW. MARSZAŁ-KOWSKA UND AL. JANA P. II.

> Keiner der Stadtväter hat sich in den vergangenen Jahrzehnten wirklich Gedanken um dieses Quartier gemacht. Das mag der Grund sein, weshalb zwischen den Hauptverkehrsadern ul. Marszałkowska und Al. Jana Pawła II. (Johannes Paul II.) architektonische Wunderwerke und auch Sünden geballt zu finden sind. Hier befindet sich auch der „Schandfleck" Warschaus: das Rotlichtviertel. Verschämt ducken sich eine Handvoll Pavillons hinter dem Kulturpalast und versprechen den Passanten mit schreiendroten Neonreklamen unvergessliche Erlebnisse. Der

Stadtverwaltung ist dieses Angebot allerdings ein Dorn im Auge. Sie plant schon seit Jahren die schmuddeligen Flachdachbauten dem Erdboden gleich zu machen. Doch auch hier gilt die Regel: Nichts ist so beständig wie ein Provisorium. Dieser kleine Sündenpfuhl hat auch seine guten Seiten, trägt er doch zur Verständigung verschiedener gesellschaftlicher Gruppen bei. In der Mittagspause und auf dem abendlichen Nachhauseweg verlassen die Banker ihre spiegelverglasten Trutzburgen und stellen sich geduldig in die Schlangen vor den Kebabständen, die sich inzwischen zuhauf auch im Rotlichtviertel breit gemacht haben.

◼ 1 KULTURPALAST
(PAŁAC KULTURY I NAUKI) ★ [120 B2]

Obwohl die Warschauer dem Bau lange mit Widerwillen begegneten, avancierte er zum Wahrzeichen der Stadt. Daran änderten auch die futuristischen Wolkenkratzer nichts – seinen Gegnern zum Trotz, die hofften, der Kulturpalast würde langsam, aber sicher zugebaut. Erbaut wurde der Koloss 1952–1955 auf Geheiß Stalins, entworfen von einem sowjetisch-polnischen Architektenkollektiv nach dem Vorbild der Moskauer Lomonossow-Universität. Der Monumentalbau war zur Entstehungszeit das zweitgrößte Gebäude in ganz Europa: 230,68 m Höhe inklusive Spitze, 42 Etagen, 3288 Räume, 1 Mio. m³ umbauter Raum. Immer noch ist es das höchste Haus Polens. Besucher gelangen mit einem Fahrstuhl in die ❊ 30. Etage auf 114 m Höhe – mit einem einzigartigen Panoramablick auf Warschau (Eintrittskarten in der Lobby). Zur Jahrtausendwende wurde die zweitgrößte Uhr Europas am Turm des Kulturpalasts enthüllt. Ihre vier Zifferblätter haben einen Durchmesser von je 6 m.

Der Komplex beherbergt drei Theater, mehrere Museen, ein Schwimmbad und einen gigantischen

Einer der vielen Orte nationalen Gedenkens

Kongresssaal mit 3200 Plätzen, dessen Kassettendecken und mächtige Kronleuchter sozialistischen Kitschprunk konservieren: ein Bild wie aus der Zeit gefallen.

Auf dem *Defilierplatz (plac Defilad)* vor dem Kulturpalast wurden einst die pompösen Demonstrationen mit kommunistischer Politprominenz abgehalten. Die gewaltige Steintribüne vor dem Haupteingang erinnert

daran. Rings um den Palast liegen bis heute große Flächen brach, für deren Bebauung es schon viele Ideen, aber noch keinen konkreten Plan gibt. Einstweilen stehen hier zwei große Blechhallen mit Supermärkten. *pl. Defilad 1 | Aussichtsterrasse tgl. 9 bis 20 Uhr | Tickets 20 Zł. | Metro Centrum*

2 NOŻYK-SYNAGOGE [120 B1]

Das einzige jüdische Gotteshaus (von einst über hundert), das den Zweiten Weltkrieg überstand, ist nach seinem Gründer Zalman Nożyk benannt. Es ist gut hundert Jahre alt. Während der deutschen Besatzung Warschaus gehörte die Synagoge zum sogenannten kleinen Ghetto. Die Nazis verwendeten sie als Pferdestall und Kornspeicher. Erst 1977 wurde sie renoviert und gehört heute wieder der jüdischen Gemeinde. Hinter der Synagoge wurde ein Gemeindezentrum angebaut, durch das man das Gebäude betritt. Die Mauern, die Balustrade und die Säulen des Innenraums sind ganz in Weiß gehalten. *ul. Twarda 6 | Besichtigung außerhalb der Gebetszeiten (Sa geschl.) | Bus 160, 460 plac Grzybowski*

3 PLAC BANKOWY [114 B4]

Der weiträumige Bankenplatz lebt von seinen Gegensätzen. Westlich liegt der klassizistische ehemalige Sitz der Börse aus dem 19. Jh. Die Fassade besteht aus zwei Etagen von Bogengängen. Heute finden Sie hier eine Gemäldesammlung mit Motiven Johannes Pauls II. Im Hintergrund an der ul. Bielańska verbergen sich die Ruinen der Nationalbank aus dem Zweiten Weltkrieg. Architektoni-

SEHENSWERTES

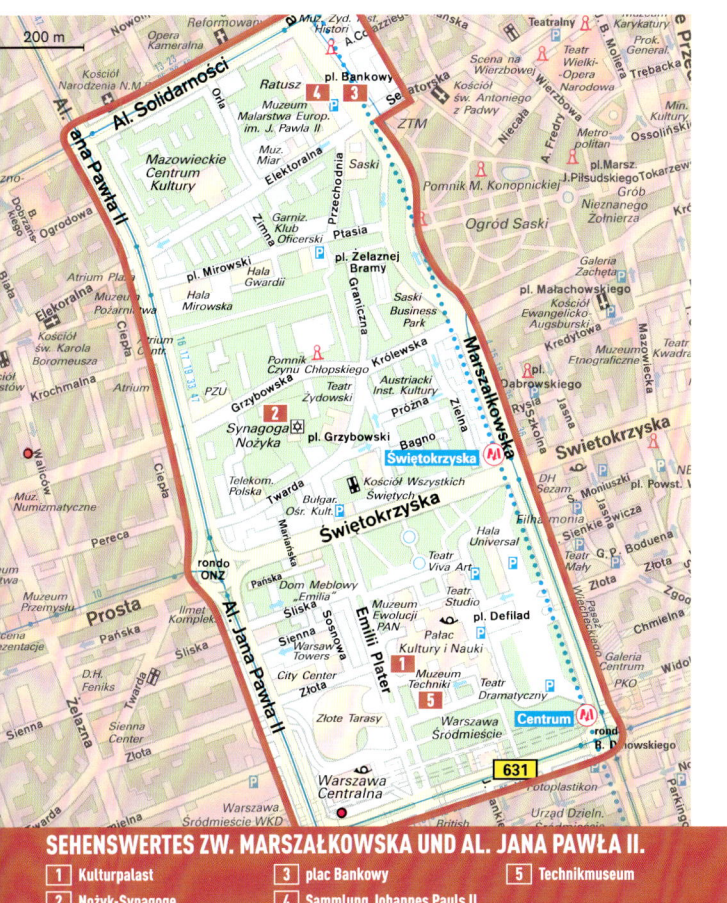

SEHENSWERTES ZW. MARSZAŁKOWSKA UND AL. JANA PAWŁA II.

1 Kulturpalast   **3** plac Bankowy   **5** Technikmuseum

2 Nożyk-Synagoge   **4** Sammlung Johannes Pauls II.

scher Leuchtturm des Platzes ist der spiegelglasblaue Wolkenkratzer, das erste wichtige Hochhaus Polens nach dem Fall des Eisernen Vorhangs. Der Bau war umstritten – auch weil an der Stelle früher eine Synagoge stand; eine Gedenktafel erinnert daran. In dem weißen Palast aus dem 19. Jh. gegenüber sitzen heute die Warschauer Verwaltung und das Stadtoberhaupt. Auf der anderen Seite der Kreuzung steht das Arsenal, das einst Offiziersschule war, dann Gestapo-Gefängnis und heute das Archäologische Museum beherbergt. *Metro Ratusz/Arsenal*

4 SAMMLUNG JOHANNES PAULS II. (MUZEUM KOLEKCJI IM. JANA PAWŁA II.) [114 B4]

Der repräsentative Kuppelbau der früheren Nationalbank beherbergt eine der bedeutendsten Sammlungen europäischer Kunst in Warschau. Zu sehen sind Skulpturen, Grafiken und Malerei aus fünf Jahrhunderten: Albrecht Dürer, Francisco de Goya, Tizian, Jan van Dyck. Im Kuppelsaal werden oft Sonderausstellungen gezeigt. Die Sammlung ist dem verstorbenen Papst Johannes Paul II. gewidmet. *Di–So 10–17 Uhr (im Winter 10–16 Uhr) | Eintritt 5 Zł. | plac Bankowy 1, Metro Ratusz/Arsenal | www. muzeummalarstwa.pl*

5 TECHNIKMUSEUM (MUZEUM TECHNIKI) [120 B2]

Erfindungen und Wunder der Technik, Geniales und Kurioses aus allen Epochen der Geschichte. So können

Insider Tipp

die Besucher beispielsweise die berühmte Dechiffriermaschine Enigma aus dem Zweiten Weltkrieg bewundern oder das in Polen einzige Exemplar eines „gläsernen Fräuleins", an dem die Funktionen des menschlichen Organismus dargestellt werden *(zusätzliche Gebühr von 1 Zł.)*. Sehenswert auch der künstliche Sternenhimmel im Planetarium. Wie in allen anderen Einrichtungen, die im Kulturpalast ihren Sitz haben (Kino, Kongresssaal), lohnt sich der Besuch schon, um den gigantomanischen Bau der Stalin-Ära einmal in Ruhe von innen betrachten zu können. *Di bis Fr 9–17, Sa/So 10–17 Uhr | Eintritt 8 Zł. | pl. Defilad 1 (Pałac Kultury i Nauki) | www.muzeum-techniki.waw.pl | Metro Centrum*

PRAGA

> ★ Praga galt über Jahrzehnte als eine ziemlich verruchte Ecke. Berüchtigte Jugendgangs hatten hier Bezirke abgesteckt und Kleinkriminelle trieben ihr Handwerk. Das hat sich inzwischen allerdings

Der Kulturpalast: Wahrzeichen Warschaus und Ort zahlreicher kultureller Institutionen

grundlegend geändert, denn Praga gilt als das neue In-Viertel und lockt mit seinem leicht morbiden und gleichzeitig alternativen Charme Künstler und Intellektuelle aus ganz Polen an. Ein Beispiel für diese Entwicklung ist die Wodkafabrik Koneser *(ul. Ząbowska 27/31),* in der nicht nur das polnische Nationalgetränk destilliert wird, sondern Ateliers und Kunstausstellungen untergebracht sind. In der Fabryka Trzciny treten hochkarätige Musiker auf. Der Stadtteil hat sein ursprüngliches Gesicht bewahrt, weil auf dieser Seite der Weichsel im Zweiten Weltkrieg die meisten Häuser unzerstört geblieben sind. Die sowjetischen Truppen hatten sich bis hierher vorgekämpft und sahen dann tatenlos zu, wie deutsche Einheiten im Kampf gegen die aufständischen Polen die Stadtviertel am anderen Ufer zerstörten. Ein interessanter Spaziergang führt

Insider Tipp

die Ząbowskaja- und die Brzeska-Straße entlang. Hier finden sich sowohl frisch renovierte Fassaden mit Kneipen und Lokalen, als auch noch der Charakter des alten Praga: bröckelnde Fassaden und gusseiserne Balkone, die im Sommer oft mit Geranien zugewachsen sind. In den nächsten Jahren steht dem Stadtteil allerdings eine grundlegende Erneuerung an. Für die Fußballeuropameisterschaft 2012, die in Polen und der Ukraine ausgetragen wird, wird auf dem Gelände des Stadion Dziesięciolecia, des Stadions zum zehnten Jahrestag der Gründung der Republik Polen, eine neue, hochmoderne Arena mit Hotels und Konferenzhallen gebaut. Auch der gesamte Uferbereich an der Weichsel soll ein neues Gesicht bekommen.

1 BAZAR RÓŻYCKIEGO (UL. TARGOWA 54) [119 D2]

Insider Tipp

Dieser Markt zählt zu den traditionsreichsten Einrichtungen in Warschau. Seit über hundert Jahren kommen die Warschauer hierher, um sich mit allen erdenklichen Dingen einzudecken. Für einige Jahre stand er allerdings im Schatten des Jarmark Europa im Stadion Dziesięciolecia. Seit dort aber das Stadion für die Fußball-EM 2012 gebaut wird, haben viele Händler wieder ihre Buden im Bazar Różyckiego aufgeschlagen. Wer nicht gerade Designerware sucht, kann hier billig Kleidung und Schuhe kaufen. Extratipp: Vor dem Bazar Różyckiego steht in der ulica Targowa (50/52) eines der ältesten Häuser in Praga. *Bus 100, 120, 125, 144, 160, 170, Tram 2, 3, 6, 13, 25, 26 Dworzec Wileński*

Insider Tipp

2 **MARIA-MAGDALENA-KIRCHE**
(CERKIEW ŚW. MARII
MAGDALENY) [118 C2]
Die einzige große russisch-orthodoxe Kirche der Stadt, Sitz des Metropoliten von Warschau, erbaut 1869. Hinter den Mauern des mächtigen, gelben Fünfkuppelbaues mit den charakteristischen Zwiebeltürmen scheint der Straßenlärm abzuprallen.

Das polnische Nationalgetränk: *na zdrowie!*

Im Innern öffnet sich die stille Welt einer östlichen Mysterienkirche: Der kleine Raum (ohne Sitzbänke, typisch für die Orthodoxie) ist mit Teppichen ausgelegt, die Wände und der Altar sind mit Blattgold und Ikonen überreich geschmückt. Jeden Tag um 16 Uhr kann man hier einen Gottesdienst erleben mit typischen liturgischen Gesängen, Weihrauch und vielen Kerzen. *Al. Solidarności 52 | Bus 100, 120, 125, 144, 160, 170, Tram 2, 3, 6, 13, 25, 26 Dworzec Wileński*

3 **MARIENSTATUEN IN DER ULICA TARGOWA** [119 D2]
In den meisten Hinterhöfen der ulica Targowa finden sich Marienstatuen, die von den Bewohnern mit viel Liebe und Fantasie gepflegt werden. Dabei wird in der Regel die Grenze zum Kitsch eindeutig überschritten. Deutlich wird hier allerdings, welche zentrale Rolle die Mutter Gottes noch heute im täglichen Leben der Polen spielt. Sehenswert ist der kleine Altar mit Statue in der ulica Targowa 62. *Bus 100, 120, 125, 144, 160, 170, Tram 2, 3, 6, 13, 25, 26 Dworzec Wileński*

4 **PLAC WILEŃSKI** [118 C2]
Der Platz ist ein bedeutender Verkehrsknotenpunkt, an dem auch verschiedene Seiten Polens aufeinander treffen: die Maria-Magdalena-Kirche, das Nachkriegsdenkmal „Die vier Schlafenden" und ein hochmodernes Einkaufszentrum. Das Denkmal in der Mitte des Platzes zeigt sowjetische und polnische Soldaten. Im Volksmund wird es „Die vier Schlafenden" genannt, weil die Soldaten mit ihren gesenkten Köpfen den Eindruck erwecken, als würden sie im Stehen dösen. Immer wieder werden Versuche unternommen, das Denkmal zu zerstören, weil es an die „Waffenbrüderschaft" zwischen Polen und der Sowjetunion erinnert. Die Bewohner wehren sich allerdings bisher erfolgreich dagegen. An

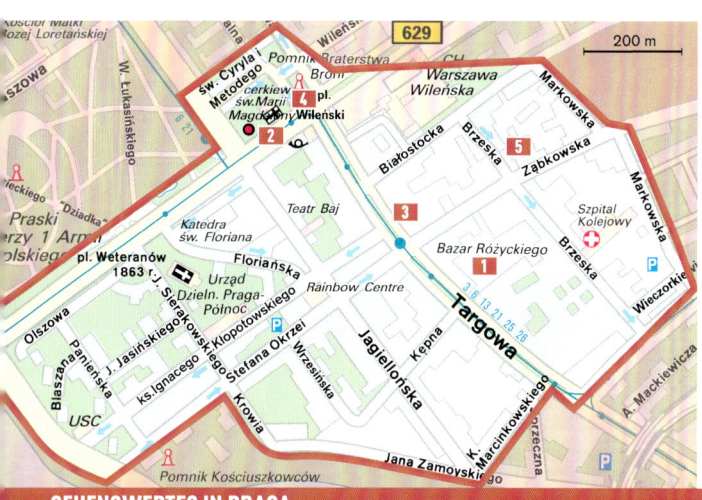

SEHENSWERTES IN PRAGA

1 Bazar Różyckiego   **3** Marienstatue in der ul. Targowa   **5** Wodkafabrik Koneser

2 Maria-Magdalena-Kirche   **4** plac Wileński

diesem Platz steht auch eines der neuen Einkaufszentren und zeugt von der neuen Wirtschaftskraft des Landes. Mit seiner strahlend weißen Fassade im in dieser Ecke der Stadt vorherrschenden architektonischen Einheitsgrau sieht es allerdings wie ein notgelandetes Ufo aus. *Bus 100, 120, 125, 144, 160, 170, Tram 2, 3, 6, 13, 25, 26 Dworzec Wileński*

5 **WODKAFABRIK KONESER (WYT-WÓRNIA WÓDEK KONESER)** [119 D2]
Bei einem Besuch in Praga sollte man nicht vergessen, durch die ulica Ząbkowska zu schlendern. Sie liegt unweit des plac Wileński und gilt wegen der vielen alten, zum Teil noch gut erhaltenen Häuser als eine Art Wahrzeichen des Stadtteils. Am auffälligsten ist das Gebäude der Warschauer Wodkafabrik Koneser. Die Firma ist in ganz Polen ein Begriff und produziert in dem Gebäude in der ulica Ząbkowska 27/31 seit 1897 Wodka. Man erzählt sich auch, dass dies das erste Gebäude in Warschau gewesen sein soll, in dem es Elektrizität gab. Wer will, kann die Fabrik besichtigen und dort natürlich auch Wodka probieren. (25 Zł. bzw. 30 Zł. mit Degustation). *ul. Ząbkowska 27/31, Bus 38, 140, 170, 307 Koneser*

AUSSERDEM SEHENSWERT

GHETTO-DENKMÄLER [116 B4–5]
Bereits 1946 errichtete man in der Zamenhofa-Straße *(ul. Zamenhofa)*

einen ersten *Gedenkstein* für die im Ghetto umgekommenen und ermordeten Juden. Neben dem Mahnmal, einem Bunkereingang nachempfunden, erinnert das zwei Jahre später aufgestellte *Denkmal der Ghettohelden (Pomnik Bohaterów Getta)* an die Opfer des Aufstands im April 1943. Im ehemaligen Ghetto pferch-

treiben lassen. Der ungleiche Kampf dauerte 28 Tage. Nur wenige der rund 60000 Menschen, die sich zu der Zeit noch im Ghetto befanden, überlebten.

An diesem Denkmal kniete der damalige Bundeskanzler Willy Brandt 1970 nieder, das Bild der unvergessenen Geste ging um die Welt. Bisher

Stein gewordenes Gedenken an die Helden des Warschauer Ghettos

ten die Nazis zeitweise eine halbe Million Juden ein. Viele starben an Hunger und Seuchen, die meisten wurden in Viehwaggons zum Vernichtungslager Treblinka gebracht und dort ermordet. Als die SS am 19. April 1943 mit einer weiteren Liquidierungsaktion beginnen wollte, wurde sie mit Schüssen empfangen. Die jungen Kämpfer machten sich keine Illusionen, aber sie wollten sich nicht wehrlos zur Schlachtbank

erinnert an dem Ort nur wenig an seine historische Bedeutung, doch der von Wohnblöcken umgebene Platz soll bald aus seinem Dornröschenschlaf geholt werden. Geplant ist ein großes Museum über die Geschichte der polnischen Juden. Eröffnung: voraussichtlich 2009. Die deutsche Bundesregierung unterstützt das Projekt. *Skwer Willy Brandta | ul. Zamenhofa | Bus 111, 180 Nalewski*

> *www.marcopolo.de/warschau*

Vom Denkmal der Ghettohelden weisen 16 in Polnisch und Hebräisch beschriftete *Granitsteine* den Weg zum einstigen Umschlagplatz in der ul. Stawki. Hier am damaligen Danziger Bahnhof gingen die Todestransporte nach Treblinka ab. Der Gedenkstein (1983) löst bei vielen Besuchern besonders tiefe Betroffenheit aus. Denn die über 400 eingravierten jüdischen Vornamen reißen das Verbrechen aus seiner Anonymität.

MUSEUM DES WARSCHAUER AUFSTANDS (MUZEUM POWSTANIA WARSZAWSKIEGO) ★ [0]

Dem Heldenmut der Warschauer ist dieses Museum gewidmet – in Erinnerung an den Aufstand gegen die Nazi-Besatzung 1944, der niedergeschlagen wurde und in der Zerstörung weiter Teile der Stadt endete. Eröffnet 2004 zum 60. Jahrestag des Aufstands, setzt das Museum zur Dokumentation und authentischen Vermittlung der damaligen Ereignisse auch auf multimediale Technik. Alte Radiosendungen, Filmaufnahmen, aber auch moderne Simulationen sollen die Taten der Aufständischen verständlich machen – in einigen Fällen freilich mit einem Pathos hart an der Kitschgrenze. *Mo/Mi/Fr 8–18, Do 8 bis 20, Sa/So 10–18 Uhr | Eintritt 4 Zl., So frei | ul. Grzybowska 79 (Eingang von ul. Przyokopowa) |*

> BÜCHER & FILME

Immer wieder Thema: der Kampf um Warschau 1944

> **Kampf um Warschau** – Janusz Piekalkiewicz beschreibt den Aufstand der Untergrundarmee gegen die deutschen Besatzer 1944. Über 60 Tage dauerten die Häuserkämpfe, bei denen fast 200 000 Menschen ums Leben kamen. Janusz Piekalkiewicz war damals 17 Jahre alt (dt. 1994).

> **Neun** – Andrzej Stasiuk, einer der jungen Sterne am polnischen Literatenhimmel, beschreibt das Warschau nach der Wende, in dem harter Kapitalismus regiert.

> **Der Pianist** – Roman Polanski erzählt eine wahre Geschichte aus dem Polen der Nazi-Barbarei. Im Mittelpunkt steht der gefeierte jüdische Konzertpianist Władysław Szpilman (Adrien Brody). Mit dem Einmarsch der Nazis beginnt auch für ihn eine Zeit des Leidens. Nur mit viel Glück entkommt er der Deportation und findet in den Ruinen der Stadt Zuflucht (2002).

> **Die Schuld** – Der Film von Krzysztof Krause basiert auf der wahren Geschichte der Geschäftsleute Artur Bryliński und Sławomir Sikora, die Anfang der 1990er-Jahre mit dem Import von Motorrollern im noch jungen Kapitalismus zu Geld kommen wollten. Die Sache geht schief und sie ermorden ihren Geschäftspartner (1999).

> **Der Kanal** – Der Film zeigt die letzten Tage des Warschauer Aufstandes im September 1944. Ein erschütterndes Kriegsdokument, das sich zwar auf individuelle Tragödien konzentriert, zugleich aber die historische Situation verdeutlicht (Regie: Andrzej Wajda, 1957).

AUSSERDEM SEHENSWERT

www.1944.pl | *Bus 106, 155, Tram Muzeum Powstania Warszawskiego*

PLAC KONSTYTUCJI ⭐ [120 C4]

Sozialismus pur. Nicht nur beim Kulturpalast konnten sich die Architekten des Betonzeitalters ausleben, sondern auch am Verfassungsplatz und der *Marszałkowska-Straße,* die in Überbreite direkt auf ihn zuführt: Mächtige Wohnhäuser säumen die Paradestraße. Den Platz selbst markieren drei hohe Kandelaber, die wie überdimensionierte Kerzenhalter aussehen. Wofür sie stehen, kann heute niemand mehr sagen. Durch große Torbögen gelangen Fußgänger in die Nebenstraßen. Oben hängt die älteste Neonreklame Warschaus. *Metro Politechnika*

PLAC ZBAWICIELA [121 D4]

Nur wenige Meter vom monumentalen plac Konstytucji entfernt liegt einer der schönsten Warschauer Plätze – der plac Zbawiciela: nicht spektakulär, aber ruhig und intim. Auch hier findet sich neben einigen älteren und einigen ganz modernen Gebäuden die Sandsteinarchitektur der 1960er-Jahre mit ihren mächtigen Arkadengängen. Sie bieten Raum für Lokale, von denen aus Sie die Atmosphäre dieses Platzes am besten genießen können. Einen Besuch wert ist die *Erlöserkirche (Najświętszego Zbawiciela, ul. Marszałkowska 37)* mit ihrem hellen, weiträumigen Inneren. *Metro Politechnika*

POWĄZKOWSKI-FRIEDHOF (CMENTARZ POWĄZKOWSKI) ⭐ [116 A4]

Mit über 200 Jahren der älteste katholische Friedhof Warschaus mit gewaltigen Ausmaßen. Allein an der Powązkowska-Straße zieht er sich gut einen Kilometer entlang. Der Friedhof ist für die Warschauer von besonderer Bedeutung. An Allerheiligen, am 1. November, besuchen ihn Zehntausende, um Kerzen zu entzünden und der Toten zu gedenken. Un-

Für Könige geschaffen: Schloss Wilanów zählt zu den schönsten Barockpalästen Europas

ter Schatten spendenden alten Bäumen und zwischen kunstfertigen Grabkapellen liegen einige der größten Polen begraben, besonders entlang der 1925 eingerichteten Ehrenallee *(Aleja Zasłużonych)*: Opernlegende Jan Kiepura, die Komponisten Witold Lutosławski und Henryk Wieniawski, aber auch kommunistische Führer wie Bolesław Bierut, Polens einziger kommunistischer Präsident nach dem Zweiten Weltkrieg.

Insider Tipp Daneben erstreckt sich <mark>ein großer jüdischer Friedhof</mark> *(ul. Okopowa 49/51)* mit den Gräbern herausragender polnischer Juden wie Ludwik Zamenhof, Erfinder der Weltsprache Esperanto. Ebenfalls zum Ensemble gehört ein *islamischer Friedhof (ul. Tatarska 8)*, der eigentlich für Besucher nicht zugänglich ist, dessen Tor mit etwas Glück aber offen steht, weil er gerade von Gemeindemitgliedern besucht wird. Unter dem Halbmond sind hier polnische Moslems begraben – Tataren, die es nach Warschau verschlagen hat. *ul. Powązkowska 4 | Hauptfriedhof: 7 Uhr bis zur Dämmerung | Tram 1, 22, 27, Bus 170, 180, 406 Powązkowska*

SASKA KĘPA [119 E–F 5–6]

Für die Warschauer das Diplomatenviertel. Auch die deutsche Botschaft ist hier noch angesiedelt, wird aber gegen Ende des Jahrzehnts wegziehen. Touristen sind in Saska Kępa mangels berühmter Sehenswürdigkeiten selten anzutreffen, obwohl das Viertel zu den schönsten in Warschau zählt. Viele Villen aus der Zwischenkriegszeit sind erhalten. Der Stadtbezirk mit rund 40 000 Einwohnern wirkt wie ein eigenes kleines Städtchen mit Geschäften, Cafés, Restaurants, Postamt und Kirche. Viele Grünanlagen und die Weichsel trennen Saska Kępa von den umliegenden Stadtteilen und machen es zu einer Insel. Schilder weisen den Weg zu den verschiedenen Botschaften, die oft in imposanten Herrenhäusern residieren. Besonders streng bewacht und gut versteckt: die Vertretung des Irak. Besonders schön: die portugiesische Botschaft *(ul. Francuska 37)*. Beginnen Sie den Spaziergang am Kreisverkehr Rondo Waszyngtona. *Tram 7, 8, 9, 22, 24, 25 Rondo Waszyngtona*

SCHLOSS WILANÓW UND PLAKAT-MUSEUM ⭐ [0]

Wohl das schönste Warschauer Schloss, einstige Sommerresidenz der Könige und später des polnischen Adels. Umfangreich saniert und renoviert, erstrahlt die prachtvolle Barockfassade wieder in jenem Glanz, wie sie Ende des 17. Jhs. nach einem Entwurf des Baumeisters Agostino Locci geschaffen wurde. Der Name Wilanów ist italienischen Ursprungs – abgeleitet vom lateinischen Villa Nova (neue Stadt). Auch deutsche Adlige residierten hier, unter ihnen August II., König von Sachsen – er war gleichzeitig polnischer König.

Zu besichtigen sind die königlichen Wohnräume, teils hochkarätige Sammlungen polnischer und europäischer Malerei sowie eine Galerie polnischer Porträtmalerei vom 14. bis zum 19. Jh. Was dem Schloss in der Altstadt naturgemäß fehlt, liefert Wilanów umso malerischer: einen <mark>Park</mark> von 43 ha Grundfläche, mit geometrischen Pflanzenfiguren, **Insider Tipp** schmuckvollen Brunnen und Skulpturen nach dem Vorbild französischer und italienischer Meister angelegt. Von repräsentativer Schönheit sind auch das *Teehaus*, der *Rosengarten* und die *Orangerie*.

Um das Schloss herum liegen exklusive Wohnviertel und an der kleinen Straße, die zum Palast führt, laden Cafés und Restaurants zum Verweilen ein. Unbedingt empfehlenswert: eine dickflüssige heiße

Inside Tipp

Das Plakat als Kunstwerk: In Wilanów ist dem Plakat sogar ein eigenes Museum gewidmet

Im alten Rennstall *Ujeżdżalnia* auf dem Schlossgelände residiert das erste *Plakatmuseum* Europas (gegründet 1968, *Muzeum Plakatu*). Es ist ein faszinierendes Sammelsurium von sage und schreibe 54 000 Werken aus Polen und aus dem Ausland. Schon früh bildete sich eine polnische Plakatschule heraus, die internationalen Ruhm genoss. Dazu gehören Namen wie Henryk Tomaszewski, Franciszek Starowieyski und Jan Lenica. Seit 1994 ist das Museum fester Ort der Internationalen Plakat-Biennale. Ein Schwerpunkt liegt auf neuen Werken, doch auch Plakate vergangener Jahrzehnte sind präsent.

Schokolade *(gorąca czekolada)* im *Café Wedel*. Einen Besuch wert ist auch die neobarocke Pfarrkirche *St. Annen (kościół św. Anny)* direkt neben dem Schlosspark. *Schloss: Anfang Mai–Mitte Sept. Mo/Mi 9–18, Do/Fr 9–16, Sa 10–16, So 9–18, Mitte Sept.–Ende April So–Fr 9–16, Sa 10–16 Uhr (letzter Einlass eine Stunde vor Ende) | Schloss: 16 Zł., Sa Eintritt frei, Gratiseintrittskarten an der Museumskasse, Park: ganzjährig 9 Uhr bis zur Dämmerung | 5 Zł., Do Eintritt frei, Stanisława Kostki Potockiego 10/16 |* www.wilanow-palac.art.pl *| Plakatmuseum: Di–So 10–16, Mo 12–16 Uhr | Eintritt 8 Zł.,*

> www.marcopolo.de/warschau

Mo frei | ul. St. Kostki Potockiego 10/16 | *www.postermuseum.pl* | Bus u. a. 116, 117, 130, 139, 164, 180, 519 Wilanów

STARY ŻOLIBORZ   [116 B–C 1–2]

Einheimische halten dieses stille Viertel mit seinen Bürgerhäusern, Villen und ruhigen Straßen für die schönste Wohngegend der Stadt. Die Umgebung strahlt mit ihren alten Bäumen einen verwunschen-melancholischen Charme aus. Einen Spaziergang beginnen Sie am besten am plac Wilsona. Von dort können Sie das Straßengeflecht hinter dem Kino Wisła erkunden. Zu einem Spaziergang lädt auch der *Park Żeromskiego* ein, direkt am plac Wilsona. Ein Weg führt zu den Resten einer alten Festung mit Aussichtspunkt. Die Zitadelle *(Cytadela)* wurde während der polnischen Teilung im 18. Jh. von der russischen Besatzungsmacht als Gefängnis errichtet. Sie sollte als Abschreckung für aufständische Polen dienen. *Metro plac Wilsona*

ZENTRUM FÜR MODERNE KUNST (CENTRUM SZTUKI WSPÓŁCZESNEJ)   [121 E4]

Das Zentrum für Moderne Kunst ist ebenso ein Ort für museale, multimediale Ausstellungen wie für Konzerte moderner Musik und Inszenierungen avantgardistischer Theaterstücke. Das Zentrum residiert fürstlich im schönen *Ujazdowski-Schloss* nahe dem Łazienki-Park. Die ausgestellten Werke der Gegenwartskunst kontrastieren reizvoll mit der barocken Architektur. *Di–So 11–19, Fr 11–21 Uhr | Eintritt 12 Zł. | Zamek Ujazdowski, Al. Ujazdowskie 6 | www. csw.art.pl | Bus 116, 123, 180, 195 plac Na Rozdrożu*

> ERINNERUNGSKULTUR
Ganz Warschau ist ein Museum

Die Polen sind sehr geschichtsbewusst. Das gilt auch und gerade für die Warschauer. Im leidvollen Schicksal ihrer Stadt, vor allem im bitteren Martyrium während des Zweiten Weltkriegs, wurzelt eine Kultur des intensiven nationalen Gedenkens. Darum stehen alle Museen hoch in Gunst und Ehren, die die Erinnerung an historische Ereignisse wachhalten. Vergeben ja – vergessen nein. Ganz Warschau ist in dieser Hinsicht ein Museum, und besonders im Zentrum hängen an vielen Hausmauern Tafeln mit Aufschriften wie „Hier wurde das Blut von 30 Kämpfern für die Freiheit Polens gegen die Nazi-Okkupation vergossen". Auch viele Denkmäler zeugen von dieser Erinnerungskultur. So wird der Streit um das in Berlin geplante Zentrum gegen Vertreibungen verständlich: Viele Polen verstehen ein solches Projekt nicht nur als Angriff auf ihre Ehre, sie werfen den Deutschen auch vor, mit der Betonung der eigenen Opferrolle historische Tatsachen verdrehen zu wollen. Polnische Politiker forderten postwendend, in Warschau ein Zentrum des polnischen Märtyrertums zu errichten. Dies sollte man als Gast bedenken, wenn man etwa das beeindruckende Museum des Warschauer Aufstands besucht.

> PIROGGEN IN DER MILCHBAR

Wer Warschau kulinarisch genießen will, hat eine große Auswahl
– von der einfachen Volkskantine bis zum Edelitaliener

> **Gastronomisch hat Warschau in den letzten Jahren eine radikale Wandlung durchgemacht. Vom Einheitsbrei der sozialistischen Restaurants blieb kaum etwas übrig.**

Längst kann die polnische Hauptstadt Lokale, Cafés und Imbisse beinahe für jeden Geschmack und in allen Preisklassen bieten. Auch die internationale Küche hielt längst Einzug: Neben italienischen, auffallend vielen vietnamesischen und den obligatorischen Chinarestaurants werben Inder, Japaner, Türken und Araber mit ihren kulinarischen Spezialitäten um die Gunst der Gäste. Typisch, beliebt und entsprechend verbreitet sind auch Lokale, in denen nach Art und Tradition osteuropäischer Nachbarn gekocht wird – von litauisch bis russisch.

Ein Relikt des Sozialismus finden Sie auch in Warschau immer noch: die *Milchbar (bar mleczny)*. Diese

ESSEN & TRINKEN

schlichten Kantinen haben den gastronomischen Wandel nicht nur überlebt, sie sind in den letzten Jahren regelrecht wiederentdeckt worden – weil man hier einfach, schnell und unschlagbar günstig etwas zu essen bekommt. In der Milchbar wird aufgetischt, was die Polen sich auch zu Hause selbst kochen: *bigos,* Piroggen, Schweinekoteletts, Kartoffelpuffer, Klöße, Pfannkuchen. Eine der besten Milchbars der Stadt ist die *Ru-*

sałka (ul. Floriańska 14) im Stadtteil Praga. Auch gut: *Bambino* in der *ul. Krucza 21.*

Achten Sie darauf, was in den Restaurants auf der Speisekarte steht. Manchmal werden für Fleisch oder Fisch 100-Gramm-Preise angegeben, und dann zahlt der Gast so viel, wie sein Kotelett oder Dorsch angeblich gewogen hat. In einigen Restaurants ist es üblich, auf die Preise von vornherein zehn Prozent für den Service aufzuschlagen – was allerdings auf der Karte vermerkt sein sollte. In solchen Fällen können Sie sich das Trinkgeld sparen – sonst beträgt es ebenjene zehn Prozent des Preises. „Stimmt so" heißt in der polnischen Entsprechung „Danke" *(dziękuję)* –

in einzelnen Lokalen im Zentrum, etwa bei Blikle in der Straße Nowy Świat. Viele Restaurants öffnen erst mittags. Entsprechend gut besucht sind morgens und vormittags die Cafés, die in meist heller und freundlicher Atmosphäre Latte macchiato

Charmantes Requisit im Café Karma: die riesige Kaffeeröstmaschine

sagen Sie also nicht „Danke", wenn Sie noch Restgeld erwarten! Leere Teller gleich abzuräumen, während der Begleiter noch isst, gehört übrigens zur polnischen Höflichkeit.

Mittags wird in Warschau gern und ausgiebig dienstlich geluncht. Für solche Anlässe preisen viele Restaurants Sonderangebote an (z.B. Lunch mit Kaffee 20 Zł.). Fast alle Gaststätten bieten durchgehend warme Küche. Frühstücks- und Brunchbüfetts setzen sich hingegen erst allmählich durch – es gibt sie bisher vor allem in guten Hotels und

und Café au Lait anbieten – zu westeuropäischen Preisen.

■ CAFÉS

CAFÉ BLIKLE ★ [121 D2]

Viele reden von Tradition, Blikle steht dafür: Seit fast 150 Jahren besteht die Konditorei mit Café an der schicken Straße Nowy Świat und ist jedem Warschauer ein Begriff. Berühmt: die selbst gemachten Pralinen und kleinen Torten. Auch zum Mitnehmen. *Tgl. | ul. Nowy Świat 35 | www.blikle.pl | Bus u.a. 180, 518 Foksal*

Insider Tipp

CAFFÉ BALGERA [121 D4]

Ruhiger Ort nahe dem plac Na Rozdrożu mit schöner Terrasse. Große Kuchentheke, Eis und italienische Spezialitäten wie Tiramisu. Sehr guter Kaffee und bequeme Korbstühle auf der großen Empore. *Tgl. | ul. Koszykowa 1 | Bus u. a. 116, 118, 180 plac Na Rozdrożu*

Insider Tipp

KARMA 🔊 [121 D4]

Helles, modernes Café mit Panoramascheiben zum charmanten plac Zbawiciela. Sympathische Atmosphäre mit einer riesigen Kaffeeröstmaschine im Raum. Draußen stehen Tische unter den Arkaden. Geheimtipp: Pinky, ein kühles, erfrischendes Getränk aus Himbeeren. *Tgl. | plac Zbawiciela 9 | Metro Politechnika*

MIĘDZY SŁOWAMI 🔊 [120 C2]

Das Café ist benannt nach dem polnischen Titel des Films „Lost In Translation". In zeitloser, vielleicht sogar nostalgischer Atmosphäre werden in einem ruhigen Innenhof viele Sorten Kaffee, Kuchen und Imbisse serviert. Frühstück ab 7.30 Uhr. *Tgl. | ul. Chmielna 30 | Metro Centrum*

■ INTERNATIONAL ■

BORPINCE [118 A6]

Gemütliches ungarisches Restaurant im Club- und Restaurantviertel mit allem, was Sie sich von dieser Küche wünschen. Reiche Weinauswahl. *Tgl. | ul. Zgoda 1 | Tel. 02 28 28 22 44 | www.borpince.pl | Metro Centrum | €€*

BULGARIA MAGICA [121 D5]

Insider Tipp

Der Klassiker des Hauses als Imbiss oder Beilage: *Pommes mit Sirene*, einem würzigen bulgarischen Schafskäse. Außerdem: *Varna-Spezialität* (Hähnchenfilet in Sahne-Champignonsauce), *Kjufte* (Hackfleischbällchen) oder *Kawarma*, Fleischstücke mit Zwiebeln und Paprika. Koch Ilija Dimov arbeitete für ein Restaurant in der bulgarischen Botschaft. *Tgl. | ul. Marszałkowska 3/5 | Tel. 02 28 25 18 16 | www.bulgariamagica.pl | Bus 117, 122, Tram 18, 19 pl. Unii Lubelskiej | €*

HARD ROCK CAFÉ 🔊 [120 B2]

Nun hat also auch Warschau sein Hard Rock Café. Mit guter Musik und einer riesigen Neongitarre vor

MARCO POLO HIGHLIGHTS

⭐ **Folk Gospoda**
Uriger und deftiger geht es nicht. Essenz polnischer Tradition (Seite 62)

⭐ **Orchidea**
Fusion at its best. Asien und Europa perfekt vereint (Seite 61)

⭐ **Słodki ... Słony**
Süßer die Torten nie schmecken ... (Seite 65)

⭐ **U Fukiera**
Großer Name, große Tradition; sehenswert, obwohl der Zenit überschritten ist (Seite 62)

⭐ **Belvedere**
Teuer, aber Spitzenklasse (Seite 60)

⭐ **Café Blikle**
Der älteste Warschauer Zuckerbäcker (Seite 58)

dem Eingang macht es in den Złote Tarasy auf sich aufmerksam. Und das Essen? Das ist dasselbe wie in New York, Oslo oder London: Cheesburger, Salate und Nachos – viel und gut. *Tgl. | ul. Złota 59, Złote Tarasy | Tel. 02 22 22 07 00 | Metro Centrum, Tram, Bus Dworzec Centralny | €*

THE MEXICAN ▶▶ 🔊   [121 D1]

Gut zu erkennen an der Parade alter, grüner VW-Käfer vorm Eingang. Schöner Restaurantinnenhof mit Springbrunnen. Klassische mexikanische Variationen von Fajitas, Quesadillas, Burritos, Tacos und Tortillas. Die Kellner sind in bunte Trachten gekleidet, und bei der Rechnungs-übergabe wird schon mal wie im Wilden Westen ein Pistolenschuss abgegeben. *Tgl. | Foksal 10a | Tel. 02 28 26 90 21 | www.mexican.pl | Bus 116, 175, 180, 518 Foksal | €*

THE OLIVE   [121 D3]

Der Name führt etwas in die Irre. In der Olive kann man neben mediterraner Küche auch sehr gute traditionelle polnische Gerichte essen. Das Restaurant gehört zum Sheraton-Hotel, von dessen etwas kühler Fassade man sich nicht abschrecken lassen sollte. *ul. Bolesława Prusa 2 (Hotel Sheraton) | Tel. 02 26 57 67 06 | www.sheraton.pl | Bus u. a. 180, 518 plac Trzech Krzyży | €€€*

> GOURMETTEMPEL
Kulinarische Experimente, perfekte Bedienung

ALE GLORIA 🔊   [118 B6]

Neues Edelrestaurant von Marta Gessler, die aus Warschaus berühmtester und traditionsreichster Gastronomiefamilie stammt. Kombinationen aus der deftigen polnischen Küche und exklusiver Cuisine, z.B. Carpaccio aus gebackenen Schweinshaxen mit Rettich und eingelegten sauren Gurken oder Rehkeule in Sahne-Burgunder-Sauce eingelegt. *Tgl. | plac Trzech Krzyży 3 | Tel. 02 25 84 70 80 | www.alegloria.pl | Bus 116, 118, 119, 122 pl. Trzech Krzyży | Menü ab 20 Euro*

BELVEDERE ⭐ 🔊   [121 E5]

Mit Abstand eine der teuersten Adressen in Warschau, aber wunderschön gelegen im königlichen Bäderpark Łazienki an der Neuen Orangerie und besonders edel ausgestattet, mit schöner Terrasse. U.a. polnischer Vorspeisenteller, grüner Spargel mit geräucherter Forelle, Hasenlenden in Sahnesauce. *Tgl. | ul. Agrykola 1 | Tel. 02 28 41 22 50 | www.belvedere.com.pl | Bus 116, 118, 119, 122 Gagarina | Menü ab 30 Euro*

RIALTO 🔊   [120 C3]

Nobelrestaurant im gleichnamigen Boutiquehotel. Paweł Suchenek, weit gereister neuer Küchenchef im Rialto, hat es sich zum ehrgeizigen Ziel gesetzt, die etwas deftigere polnische Küche mit der nuancenreichen französischen Kochkunst zu verschmelzen. Die Ergebnisse sind raffiniert. Abends gibt es Probiermenüs für 150 Złoty. *Tgl. | ul. Wilcza 73 | Tel. 02 25 84 87 71 | www.hotelrialto.pl | Metro Politechnika, Busse plac Konstytucji | Businesslunch ab 28 Euro, Menü ab 45 Euro*

ORCHIDEA ⭐ [120 C2]

Fusionküche mit asiatischem Einschlag, von der jungen Besitzerin nach ihren Asienreisen kreiert. Immer freundliche Bedienung. Große Auswahl an vegetarischen Gerichten wie würzige Tofuvariationen mit Gemüse und Jasminreis oder gedünste-

Ujazdowskie 6 | Tel. 02 26 25 76 27 | www.qchnia.pl | Bus 116, 118, 119, 122 pl. Na Rozdrożu | €€€

RUBIKON [0]

Sicher eines der besten italienischen Restaurants der Stadt. Das Rubikon bietet gediegene Atmosphäre in einer

Von New York bis Warschau: Sushi liegt einfach im Trend, wie hier im Ryżowe Pole

tes Gemüse in Kokosmilch und Chili. *Tgl. | ul. Szpitalna 3 | Tel. 02 28 27 34 36 | www.restauracja orchidea.pl | Bus 116, 122, 180, Metro Centrum | €€*

QCHNIA ARTYSTYCZNA ▶▶ 📶 [121 E4]

Die Künstlerküche ist die erste Adresse für Freunde der internationalen Nouvelle Cuisine – kleine Portionen auf großen Tellern, aber dafür edle Kreationen. Sehr große Terrasse mit Blick auf die Weichsel. Überaus lauschig, direkt neben dem Ujazdowski-Schloss gelegen. *Tgl. | Al.*

schönen Villa mit Parkettboden und großen Weinregalen. *Tgl. | ul. Wróbla 3/5 | Tel. 02 28 47 66 55 | www.rubi kon.waw.pl | Metro Służew | €€€*

RYŻOWE POLE [120 C2]

Auch an Warschau ist die weltweite Sushimode nicht vorbeigegangen. Hier kommen die Freunde des japanischen Rohfisches auf ihre Kosten. Man kann die Köche beim Zubereiten der diversen Sushivarianten beobachten. *Tgl. | ul. Zgoda 5 | Tel. 02 25 56 47 37 | www.ryzowe.pl | Bus 116, 122, 180 | Metro Centrum | €€*

TAM-TAM 🔊 [121 D2]

Freie Variationen verschiedener afrikanischer Küchen und das beste irische Dunkelbier: Murphy's. Zentral gelegen. Stilvolle Einrichtung, hübscher Garten. Am Wochenende mutiert das Tam-Tam zum Club. *Tgl. | Foksal 18 | Tel. 02 28 28 26 22 | www.tamtam.com.pl | Bus 116, 122, 175, 518 Foksal | €€*

VINOTEKA LA BODEGA [121 D2]

Die Polen sind nicht als große Weintrinker bekannt. Doch das ändert sich. Und so öffnen immer mehr Restaurants, die gleichzeitig Weinhand-

>LOW BUDGET

> Unschlagbar günstig Essen in zwei Restaurants der aussterbenden Art *bar mleczny*: im „Złota Kurka" [120 C3] *(Mo–Fr 7–19, Sa/So 9–17 Uhr | ul. Marszałkowska 55/73 | Bus u. a. 100, 117 501, 502, 505, Straßenbahn 15, 18, 35, 36)* und in der Milchbar „Uniwersytet" [115 E6] *(Mo–Fr 7–20, Sa/So 9–18 Uhr | ul. Krakowskie Przedmieście, beim Kopernikus-Denkmal | Bus u. a. 116, 180, 195, Uniwersytet)*

> Preiswertes Essen und Trinken auf der Flaniermeile: Hinter dem Nowy Świat haben die Studenten das Sagen. Durch den Torbogen im Haus Nr. 26 betritt man einen Hinterhof mit Kneipen und kleinen Restaurants. [118 B5] *Bus u. a. 111, 116, 180, 175, 195, E-2, Foksal*

> Kebab gibt es überall, den besten neben dem Kino Bajka. [118 A5] *Ecke ul. Marszałkowska/Świętokrzyska | Metro Świętokrzyska*

lung sind. Eins davon ist die Vinoteka La Bodega mit ausgezeichneter mediterraner Küche. Und: Der Wirt spricht deutsch. *Tgl. | Nowy Świat 5 | Tel. 02 27 45 46 10 | www.bodega.pl | Bus u. a. 116, 180, 195 plac Trzech Krzyży | €€*

■ POLNISCH

CZTERY PORY ▶▶ [114 C6]

Das „Vier Jahreszeiten" bietet polnische Küche in der Ausstattung eines Jazzclubs der 1930er-Jahre. Fr/Sa Jazzkonzerte. *Tgl. | ul. Marszałkowska 140 | Tel. 02 26 92 86 76 | www.czterypory.pl | Metro Świętokrzyska | €€€*

DELICJA POLSKA [120 C4]

Traditionslokal mit polnischer Küche der feineren Art. Große Auswahl an Weinen. *Tgl. | ul. Koszykowa 54 | Tel. 02 26 30 88 50 | www.delicjapolska.pl | Metro Politechnika | €€€*

FOLK GOSPODA ⭐ [120 A1]

Abseits der Touristenpfade, aber zentrumsnah. Das beste der neuerdings so beliebten rustikalen Restaurants im Gebirgsstil mit viel Holz und traditionellen polnischen Speisen. Abends folkloristische Livemusik. Gartenterrasse. *Tgl. | ul. Waliców 13/Ecke Grzybowska | Tel. 02 28 90 16 05 | www.folkgospoda.pl | Bus 106, 155 Mennica | €€*

U FUKIERA ⭐ [115 D2]

Eines der bekanntesten und ältesten Warschauer Restaurants am Altstadtmarkt, das für viele immer noch Sinnbild eines fürstlichen polnischen Essens ist – inzwischen gibt es aber viel Konkurrenz, die Vergleichbares für weniger fürstliche Preise bietet. Edle Innenausstattung. *Tgl.* | *Rynek Starego Miasta 27* | *Tel. 02 28 31 10 13* | *www.ufukiera.pl* | *Bus plac Zamkowy* | €€€

GOSPODA POD KOGUTEM   [114 C1]

Klassisches polnisches Restaurant mit schöner Terrasse und rustikalem

KROKIECIK   [120 C2]

Die altbekannte Bar liegt im Zentrum Warschaus. Eine interessante Mischung aus Schnellimbiss und Restaurant. Serviert werden zahlreiche preiswerte klassische Kartoffelgerichte. *Tgl.* | *ul. Zgoda 1* | *Tel. 02 28 27 30 37* | *www.krokiecik.pl* | *Metro Centrum* | €

Im Jazz Bistro Gwiazdeczka treten regelmäßig große und kleine Stars der Jazzszene auf

Innenraum. *Tgl.* | *ul. Freta 48* | *Tel. 02 26 35 82 82* | *www.gospodapodko gutem.pl* | *Bus 116, 122, 174, 175, 195 plac Krasińskich* | €

JAZZ BISTRO GWIAZDECZKA   [115 D2]

Moderne Alternative zu den Traditionsrestaurants der Altstadt. Hoher, heller Speisesaal mit Glasdach. *Tgl.* | *Piwna 40* | *Tel. 02 28 87 87 65* | *Busse plac Zamkowy* | €€

KUŹNIA SMAKU   [115 D6]

Die „Geschmacksschmiede" ist eines der wenigen Restaurants mit üppigem Frühstück. Stilvolle Einrichtung. *Tgl.* | *ul. Mazowiecka 10* | *Tel. 02 28 26 30 24* | *www.kuzniasmaku. com* | *Metro Świętokrzyska* | €€€

PASIEKA   [114 C1]

Deftige polnische Gerichte im dörflichen, rustikalen Stil mit großen

POLNISCH

Holztischen. Spezialitäten des Hauses sind Piroggen, Rouladen und Trinkhonig. *Tgl. | ul. Freta 7/9 | Tel. 02 28 31 46 16 | Busse plac Zamkowy oder Metro plac Bankowy |* €

Insider Tipp **PIEROGARNIA** [115 D4]
Das beste der vielen Restaurants, die sich auf den polnischen Klassiker spezialisiert haben: Mindestens ein Dutzend verschiedener Sorten Piroggen gibt es hier. Die Pierogarnia ist malerisch an der steilen Straße vom Königsweg nach Mariensztat gelegen. *Tgl. | ul. Bednarska 28/30 | Tel.*

02 28 28 03 92 | Bus u.a. 116, 122, 174 Hotel Bristol | €

RESTAURACJA POLSKA RÓŻANA [121 D6]
Polnische Spezialitäten in der gehobenen Atmosphäre einer renovierten Villa. *Tgl. | ul. Chocimska 7 | Tel. 02 28 48 12 25 | www.restauracja polska.com.pl | Bus 122, 130, 167 Rakowiecka |* €€€

SEKRET [115 D2]
Dieses dem Namen nach geheimnisvolle Lokal bietet anständige polnische Traditionsküche. *Tgl. | ul. Jezu-*

> SPEZIALITÄTEN
Genießen Sie die typisch polnische Küche!

barszcz – Rote-Bete-Suppe mit fleischgefüllten Pasteten gegessen (Foto)
bigos – Einige verspotten ihn als Resteverwertung. Doch gut gemachter *bigos* kann ein schmackhaftes Hauptgericht sein. Sauerkraut wird mit normalem Kraut aus Weißkohl, verschiedenen Fleischsorten, Pilzen, Zwiebeln, Pflau-

men und zahlreichen Gewürzen lange durchgekocht und mit Weißbrot oder Kartoffeln serviert. Manchem schmeckt er mehrfach aufgewämt am besten.

chłodnik – kalt gegessene Suppe aus verschiedenen Gemüsesorten
kaczka z jabłkiem – der Warschauer Klassiker: gebackene Ente und dazu ein heißer Apfel mit Beerenfüllung, gereicht mit Kartoffeln oder Klößen
kasza gryczana – gekochte Buchweizengrütze, beliebt als Beilage statt Kartoffeln
pierogi (Piroggen) – Teigtaschen, meist noch von Hand ausgerollt, mit Fleisch (*z mięsem*), Kraut und Pilzen (*z kapustą i grzybami*), Quark mit Kartoffeln und Zwiebeln (*ruskie*), süßem Quark (*z serem*) oder roten Obstsorten (*z owocami*) gefüllt und verschlossen, sodass sie die typische Halbkreisform erhalten
żurek – helle Suppe aus vergorenem Roggenschrot. *Żurek* enthält Knoblauch, Majoran, dazu Fleisch, Speck oder klein geschnittene Wurst. Manche Restaurants servieren die saure Suppe in einem ausgehöhlten Brötchen.

Greenway – die grüne Alternative zu *bigos, barszcz & Co.*

icka 1/3 | Tel. 02 26 35 74 74 | *www.restauracjasekret.pl* | Bus u. a. 180, 518 plac Zamkowy | €€

SIEDEM GRZECHÓW ▶▶   [115 D4]
Sieben Sünden: traditionsreiches Lokal im Stil des Vorkriegs-Warschau mit Swingmusik. Spezialität: Kaninchen mit grünen Klößen. *Tgl. | ul. Krakowskie Przedmieście 45 | Tel. 02 28 26 47 70 | www.siedemgrze chow.com | Bus plac Zamkowy* | €€€

SŁODKI … SŁONY ⭐   [121 D3]
Sieht mit seiner phantastischen Kuchentheke und der gemütlichen Einrichtung wie ein Café aus. Doch es werden auch Salate und eine Handvoll Hauptgerichte serviert. Trotzdem sind die exklusiven Süßspeisen die Hauptattraktion. *Tgl. | ul. Mokotowska 45 | www.slodki-slony.pl | Tel. 02 26 22 49 34 | Bus 159, 107 Krucza* | €€€

SMAKI WARSZAWY 🔊   [120 C3]
Große Auswahl an Warschauer und polnischen Traditionsgerichten. *Tgl. |*

ul. Żurawia 47/49 (Ecke Poznańska) | Tel. 02 26 21 82 68 | *www.smaki warszawy.pl* | €€

STARA SZAFA 🔊   [121 E2]
Traditionsrestaurant, altmodisch eingerichtet mit antiken Utensilien. Polnische Küche mit internationalen Akzenten. *Tgl. | ul. Ludna 10a | Tel. 02 26 22 48 12 | www.staraszafa.pl | Bus 101 Czerniakowska* | €€

▪ VEGETARISCH

BIOSFEERA 🔊   [120 C6]   *Insider Tipp*
In grün-alternativem Ambiente gibt es originelle Zusammenstellungen. Kein Alkohol. Schöner Innenhof. *Tgl. | Al. Niepodległości 80 | Tel. 02 28 98 01 55 | www.biosfeera.com | Metro Raclawicka* | €

GREENWAY   [121 D3]
Kette vegetarischer Restaurants. Willkommene Alternative zum schweren polnischen Essen. *Tgl. | Filiale z. B. ul. Krucza 23/31 | Tel. 02 26 21 64 47 | www.greenway.pl | Bus 116, 122, 180 pl. Trzech Krzyży* | €

> SHOPPINGTEMPEL UND STRASSENBUDEN

Gigantische Einkaufszentren prägen Warschaus neue Marktwirtschaft, doch die Stände der Kleinhändler halten sich auch weiterhin

> Immer mehr Besucher aus dem Westen entdecken Polens Hauptstadt als Shoppingcity. Ob traditionelles Kunstgewerbe, Schmuck oder Mode – das Angebot ist riesig und reicht von internationalen Marken bis zu einheimischen Labels.

Warschaus große Einkaufsstraßen heißen *Nowy Świat, Chmielna* und *Marszałkowska*. In der Altstadt prägen feine Boutiquen das Bild. Ein deutlicher Trend geht in Richtung riesiger Einkaufszentren, die mit Macht ins Zentrum drängen. Doch in Warschaus Hypermarktwirtschaft klaffen auch tiefe soziale Gräben. Es hat schon seinen Grund, dass neben Luxusboutiquen vor allem die Stände der Kleinhändler das Straßenbild prägen – und dass alle staatlichen Versuche, die Buden aus der Stadt zu verbannen, bislang scheiterten. Hier kaufen all diejenigen ein, die sich die glitzernde Luxuswarenwelt nicht leisten können.

Bild: Traffic

EIN KAUFEN

■ BÜCHER & MUSIK ■

Insider Tipp
CZUŁY BARBARZYŃCA [121 E1]

Buchladen und Café in einem. Nahe der Universitätsbibliothek treffen sich hier viele Studenten, oft Lesungen oder Happenings. *ul. Dobra 31 | Bus 118, 155 Zajęcza*

EMPIK 🔊 [118 B6]

Die bekannte Ladenkette ist in ganz Polen die erste Adresse für Bücher (auch englisch- und deutschspra-chige), Musik, Filme, Zeitungen und Konzerttickets. Internationale Presse. *Nowy Świat 15/17 sowie in zahlrei-chen Einkaufszentren | www.empik.pl | Bus u.a. 180, 518 Foksal, Marsz-ałkowska 116/122 | Metro Centrum*

TRAFFIC ★ ▶▶ [120 C2]

Ungewöhnlichster Buch- und Plat-tenladen der Stadt, untergebracht in einem alten Kaufmannshaus. Hier kann jeder in ungezwungener Atmosphäre und ungestört in Büchern und Zeitungen blättern. Dazu gibt es den 🔊 *Traffic Club* mit kostenlosem W-Lan-Zugang und Verkauf von Konzerttickets *(Tel. 02 26 92 14 30). Bracka 25 | www.traffic-club.pl | Metro Centrum*

Möbel *(Nr. 71)*, der Innenausstatter *Maison Creative (Nr. 45)*, Designerumstandsmode bei *Maya Cormier (Nr. 61)* und originelle Kinderkleidung bei *Endo (Nr. 51/53)*. Gutes Essen gibt es im modernen *Przegryź*, im gemütlichen *Zapiecek* oder im

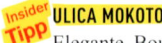

Złote Tarasy: Die Goldenen Terrassen bieten Einkaufsspaß in preisgekrönter Architektur

◼ EINKAUFSSTRASSEN ◼

ULICA CHMIELNA [118 A–B6]
Die Boutiquen stehen in Warschaus einziger Fußgängerstraße außerhalb der Altstadt dicht an dicht, dazwischen zahlreiche Restaurants. *Metro Centrum*

Insider Tipp **ULICA MOKOTOWSKA** [121 D3]
Elegante Boutiquen in restaurierten oder in im alten Stil neu erbauten Häusern: feine Kleidung bekannter und unbekannterer Marken, stilvolle

Adler mit bayerischer Küche. *Bus 180, 518 plac Trzech Krzyży*

NOWY ŚWIAT ★ [118 B5–6]
Schmuck, Kunstgalerien und natürlich exklusive Kleidung und Schuhe in der einzigen Warschauer Straße, die selbst zu Kommunismuszeiten elegant war. Kein Besucher kommt an der „Neuen Welt" vorbei, denn sie ist Teil des Königswegs in Richtung Schloss und Altstadt. *Bus u. a. 175, 180, 518*

❯ **www.marcopolo.de/warschau**

EINKAUFEN

EINKAUFSZENTREN

ARKADIA [116 A3]
Bei Eröffnung Ende 2004 war es das
größte Einkaufszentrum Mitteleuropas. Hier finden Sie so ziemlich jede
Bekleidungsmarke sowie einen Su-
permarkt und einen Baumarkt. Insgesamt gibt es im Arkadia 230 Läden,
30 Restaurants und 15 Kinos. *Mo–Sa
10–22, So 10–21 Uhr | Al. Jana
Pawła II 82 | www.arkadia.com.
pl | Bus 500, 510, Tram 1, 2, 16, 17
Rondo Radosława*

ZŁOTE TARASY ⭐ [120 B2]
Das neueste und mit 225 000 m²
auch größte Einkaufs- und Vergnü-
gungszentrum direkt bei Kulturpalast
und Hauptbahnhof. Die „Goldenen
Terrassen" wurden im Frühjahr 2007
eröffnet und bestechen durch ihr wel-
lenförmiges Glasdach. Fast alle
denkbaren Marken und Läden sowie
ein großes Kino und ein Fitnessstu-
dio sind hier vertreten. In dem groß-
zügigen Atrium finden v. a. am Wochenende Livekonzerte statt. *Mo–Sa
10–22, So 10–21 Uhr | www.zlote
tarasy.pl | Metro Centrum, Bus, Tram
Dworzec Centralny*

GESCHENKE & SOUVENIRS

BANASIK [120 C3] *Insider Tipp*
Keramik und Glas vom Feinsten, vieles aus polnischer Produktion, u. a.
das berühmte Bunzlauer Geschirr. *ul.
Piękna 28/34 | Metro Politechnika,
Bus, Tram pl. Konstytucji*

CEPELIA ⭐ [118 B6]
Für alle, die etwas typisch Polnisches
mitnehmen wollen, bietet Cepelia in
mehreren Filialen Volkskunst mit
künstlerischem Anspruch: Möbel,
Schmuck, Malerei, Keramik, Glas.
*U. a. ul. Chmielna 8 | Metro Centrum
| Filialen: ul. Marszałkowska 99/101,
pl. Konstytucji 5 | www.cepelia.pl*

KULINARISCHES

BAZAR POLNA [120 C4]
Markthalle mit Tradition. Hier gab es
schon zu Kommunismuszeiten Lu-
xusware, besonders Lebensmittel. *So
geschl. | ul. Polna 13 | www.bazar
polna.pl | Metro Politechnika*

HALA MIROWSKA [114 A6]
Über 100 Jahre alte Markthalle. Davor ein Meer von Blumen. Innen erwartet Sie eine beeindruckende Aus-

MARCO POLO HIGHLIGHTS

⭐ **Traffic**
Bücher und Musik zum Sattlesen und
-hören (Seite 67)

⭐ **Cepelia**
Mekka für Souvenirjäger: traditionelle
Handwerkskunst (Seite 69)

⭐ **Wedel**
Was Süßes für zu Hause mitbringen
(Seite 70)

⭐ **Złote Tarasy**
Größer geht's kaum – alles unter einem
Dach (Seite 69)

⭐ **Nowy Świat**
Die berühmteste Straße der Stadt
(Seite 68)

⭐ **W. Kruk**
Inbegriff eines Warschauer Juweliers
(Seite 70)

MODE & SCHMUCK

wahl an Gemüse und Fisch. *So geschl.* | *pl. Mirowski 1* | *Tram 16, 17, 19 Hala Mirowska*

MIELŻYŃSKI [116 A3]

Vorreiter der sich ausprägenden Weinkultur. Kleines Bistro. *Burakowska 5/7 | www.mielzynski.pl | Bus u.a. 180, 518 Rondo Radosława*

■ MODE & SCHMUCK ■

CROPP TOWN [116 A3]

Polnische Mode v. a. für junge Leute. Die Marke ist in den meisten Bekleidungsgeschäften vertreten. In den Einkaufszentren gibt es spezielle Cropp-Town-Boutiquen. *In vielen Einkaufszentren z. B. Arkadia | www.cropptown.pl*

Wedel: ein Traum für alle Liebhaber von Schokolade

WEDEL ⭐ [120 C2]

Der Laden von Warschaus bekanntestem Süßwarenhersteller ist eine Attraktion. Klassiker sind die Wedel-Torte (Waffel mit Schokomasse) und die *Ptasie mleczko ("Vogelmilch")*, Schokokonfekt, sowie selbst gemachte Pralinen. Sehr zu empfehlen ist auch das schöne Café! *ul. Szpitalna 8 | www.wedelpijalnie.pl | Metro Centrum*

HEXELINE [0]

Damenmode der gehobenen Klasse made in Poland. Auch Taschen und Schuhe. *Galeria Mokotów | ul. Wołoska 12 | www.hexe.com.pl | Tram 10, 17, 18 Rzymowskiego*

W. KRUK ⭐ [120 C4]

Der älteste Juwelier Polens – Synonym für edle hGeschenke. Seit über 160 Jahren werden in zahlreichen

Zweigstellen zeitloser Schmuck und Uhren angeboten. *U. a pl. Konstytucji 6 | www.wkruk.pl | Tram plac Konstytucji, auch in vielen Einkaufszentren*

MONNARI [116 A3]
Polnisches Modelabel für Frauen mit Claudia Schiffer als Werbeträgerin. *Nur in Einkaufszentren wie Arkadia | www.monnari.com.pl*

OLA STYL STUDIO [116 A3]
Schräge Kollektionen, auch mit knalligem Rot oder Pink. Für alle, die gern auffallen. *Nur in Einkaufszentren | www.olastyl.com.pl*

RESERVED [118 A6]
Mode mit Pfiff. Die bekannteste polnische Marke für legere, trendige Kleidung. *ul. Chmielna 1/3 sowie in vielen Einkaufszentren | www.rereserved.com*

RYŁKO [116 A3]
Schuhe aller Art in mittlerer Preisklasse und ordentlicher Qualität. *In Einkaufszentren | www.rylko.pl*

VISTULA WÓLCZANKA [120 C3]
Vistula und Wólczanka, die beiden Riesen auf dem polnischen Markt für exklusive Mode, schlossen sich 2006 zusammen. Männermode in lässigem Stil. *ul. Marszalkowska 85 | www.vistula.com.pl, www.wolczanka.com.pl | Metro Centrum*

STRASSENMÄRKTE

Insider Tipp
GIEŁDA STAROCI NA KOLE [0]
Alte Uhren, Radios, Möbel und allerlei Nippes werden in der „alten Börse" *(Giełda staroci)* feilgeboten.

Aber Vorsicht: Nicht alle Offerten sind Schnäppchen. Feilschen! *Sa/So 7–13 Uhr | ul. Obozow/Ecke ul. Ciołka | Bus 129, 159, 167, Tram 1, 12, 20, 23, 24 Dalibora*

HALA BANACHA [0]
Das Interessante spielt sich draußen ab. Die Markthalle (mit Supermarkt) ist von vielen Ständen umgeben. Auf einer Seite werden frische Lebensmittel angeboten, auf der anderen v. a. günstige Bekleidung. *Mo–Fr 7–19, Sa 7–15 Uhr | ul. Grójecka 95 | Tram u. a. 1, 7, 35*

>LOW BUDGET

> Florierende Basarkultur: Nach dem Willen der Stadtväter sollten die kleinen Märkte und Bazare, die an fast jeder größeren Kreuzung der Stadt zu finden sind, längst verschwunden sein. Aber es gibt sie noch, z. B. den Sadyba Bazar [0] (Bus 180, Haltestelle Sadyba).

> Photo-Markt *(ul. Batorego 10)* [120 B6]: Ein ungewöhnlicher Ort, um preiswert an Fotoausrüstungen jeder Art zu kommen. Aber nichts für Anfänger: Wer dort einkauft, muss genau wissen, was er sucht. *So 10–14 Uhr | im Nachtclub Stodoła | Eintritt 4 Zł. | Metro Pole Mokotowskie*

> Kupieckie Domy Towarowe (KDT) [120 C2]: Als Provisorium eingerichtet, ist die Halle seit Jahren eines der bevorzugten Einkaufszentren. Preiswerte Schuhe, Kleidung, Kosmetika. *Mo–Fr 9–22, Sa 9–20, So 10–18 Uhr | ul. Marszałkowska/Świętokrzyska (neben dem Kulturpalast)*

> DIE NACHT IST KURZ

Wo tagsüber Bankangestellte in Maßanzügen durch die Straßen eilen, erwacht die Stadt abends zu ihrem zweiten Leben – und weiß, sich zu vergnügen

> **Die Nacht zum Tag machen? Nichts leichter als das. Warschaus Nachtschwärmerszene boomt und pulsiert so heftig, wie es kaum ein Gast aus dem Westen im katholischen Polen erwartet.** Alles ist in Bewegung. Besonders im Bermudadreieck der Straßen Marszałkowska, Świętokrzyska und Mazowiecka öffnen fast im Monatsrhythmus neue Lokale, Diskos, Clubs, andere verschwinden genauso schnell wieder. Dabei hat das Warschauer Nachtleben durchaus auch eine ernsthafte Seite zu bieten. Die festlichen Abendaufführungen der nationalen Philharmonie etwa sind landesweit berühmt und locken zahlreiche Besucher nicht nur aus Polen an. Wie auch immer, für den Nachhauseweg ist gesorgt: Nachtbusse, die im Halbstundentakt vom Zentralbahnhof aus in alle Richtungen ausschwärmen, machen den Feierabend zu einem autofreien Vergnügen.

> *www.marcopolo.de/warschau*

AM ABEND

Warschaus Nachtleben hat auch seine Besonderheiten. So empfangen manche Clubs, die besonders trendy sind oder sich zumindest dafür halten, den Besucher mit einer sogenannten Selektion. Wenn dem Türsteher das jeweilige Gesicht nicht gefällt, wird er nach Einladung oder Clubkarte gefragt, was bedeutet, dass man nicht hineinkommt. In solchen Lokalen zahlen die Gäste oft Eintrittsgelder von ca. 10 Euro und mehr. Ohnehin sind die Eintrittspreise für Diskotheken und Clubs in Warschau sehr hoch. Dafür kommen Frauen oft gratis hinein, zumindest an Wochentagen. Weniger elitär geht es in Studentenclubs wie dem *Stodoła* zu. Auch viele Restaurants haben abends regelmäßig Livemusik im Programm. Und musikalisch hat Warschau eine Vielfalt zu bieten, wie sie nur ein Schmelztiegel der Kulturen zwischen Ost und West generieren kann. Voll auf ihre Kosten kommen Jazzfans: Jazz ist in Polen sehr populär, und die Hauptstadt ist die unumstrittene Hochburg der nationalen Szene.

In einer Stadt, in der Supermärkte bis Mitternacht geöffnet haben und

Internationalen Jazz vom Feinsten gibt es regelmäßig im Klub Tygmont

sogar die Hauptpost durchgehend arbeitet, gehören zum Nachtleben auch 24-Stunden-Lokale und Restaurants, in denen man noch nachts um drei ein deftiges Essen bestellen kann. Die Nacht ist kurz in Warschau, und die Öffnungszeiten sehr flexibel. Die gängige Regel lautet: „Schluss ist nach dem letzten Gast."

▪ DISKOS & CLUBS ▪

AKWARIUM ★ ▶▶ 🔊 [120 B2]

In den 1970er-Jahren der berühmteste Jazzclub in Polen, musste das Akwarium einst dem Neubau eines Hotels weichen. Doch seit Anfang 2007 wird versucht, an die alten Tage anzuknüpfen. Anspruchsvolle Musik in angenehmer Atmosphäre. Eintrittspreise zwischen 20 und 40 Złoty. *Złote Tarasy | http://adamiakjazz.pl/ JAZZARIUM/ | alle Busse und Bahnen zum Hauptbahnhof*

BAZAAR [120 C1]

Disko für Fans von elektronischen Klängen wie Vocal House, Electro, und House. Phantasievolle Einrichtung. Die Betreiber betonen ausdrücklich ihre Toleranz und Offenheit für Gäste verschiedener Nationalitäten, Generationen und Kulturen. Konzerte und DJ-Abende. *ul. Jasna 13 | www.clubbazaar.pl | Metro Świętokrzyska*

CENTRALNY DOM QULTURY [116 A4] Inside Tipp

Für alle, denen die Mehrheit der Warschauer Clubs mit ihrer Kontrolle an der Tür zu snobistisch ist, bietet das CDQ eine Alternative: günstiger, toleranter, entspannter. Drum 'n' Bass, Punk, Hip-Hop. *ul. Burakowska 12 | www.cdq.pl | Bus 121, 122, 148 Sady Żoliborskie*

THE CINNAMON 🔊 [115 D5]

Nobles Lokal im von Sir Norman Foster erbauten Metropolitan-Gebäude, nahe der Altstadt. Riesige Auswahl an Drinks. Sieben Köche sorgen für anspruchsvolle Speisen. Sitzplätze in der Piazza des Metropolitan. Achtung, Selektion: Nicht jeder wird reingelassen! *Tgl. ab 9 Uhr | plac Piłsudskiego (Metropolitan) | www.thecinnamon.pl | Busse 116, 122, 174, 175 Hotel Bristol (Krakowskie Przedmieście)*

FABRYKA TRZCINY ▶▶ ⋙   [119 F1]

Vielseitiges Kulturzentrum in einer alten Fabrik des kulturell aufblühenden Stadtteils Praga. Taxi zumindest für die Rückfahrt empfehlenswert. Zur Fabrik gehören ein Restaurant, Ausstellungs-, Konzert- und Konferenzsäle im Stil der Studentenclubs aus den 1960er-Jahren, ergänzt durch avantgardistische Akzente. Im Club der „Schilfrohrfabrik" gibt es regelmäßig hochkarätige Konzerte. *Otwocka 14 | Tel. 02 26 19 05 13 | www.fabrykatrzciny.pl | Busse 138, 170, 307 Naczelnikowska*

JADŁODAJNIA FILOZOFICZNA   [118 C4]

Der ultimative Treffpunkt nicht nur für Bob-Marley-Fans. Regelmäßig Reggae-Nächte. Außerdem Chill-out, New Jazz sowie elektronische Musik. Konzerte, Ausstellungen, Vernissagen, Filmvorführungen und Tanzevents machen den „Philosophischen Speisesaal" zu einem richtigen Kulturzentrum. Schwer zu finden, weil hinter einem alten Tor im Hinterhof! *Dobra 33/35 | www.filozoficzna.art.pl | Bus 118, 128, 155 Zajęcza*

KLUBOKAWIARNIA ⋙   [115 D6]

Club und Café unter einem Dach, augenzwinkernd im kommunistischen Stil mit Propagandaplakaten und anderen Relikten eingerichtet. Sehr beliebt, großer Andrang, nicht jeder kommt hinein. Musik u.a. Acid Jazz, House. *ul. Czackiego 8 | www.klubokawiarnia.pl | Metro Świętokrzyska*

KLUB TYGMONT ▶▶   [115 D6]

Eine der ersten Adressen für Jazzfreunde, mitten im Club- und Kneipenviertel der Stadt. Livekonzerte von regionalen und nicht selten auch internationalen Musikern. Beim Türsteher wichtig: das jazzige Aussehen. Auch Trip Hop und Latino-Klänge. *Mazowiecka 6/8 | www.tygmont.com.pl | Metro Świętokrzyska*

PAPROTKA   [115 D5]

Einer der beliebtesten Warschauer Clubs, hip (oder snobistisch, je nach

MARCO POLO HIGHLIGHTS

★ **Kinoteka**
Hollywoodstars in der stalinistischen Atmosphäre des Kulturpalasts, eine gelungene Verbindung (Seite 76)

★ **Teatr Wielki (Opera Narodowa)**
Außen klassizistisch, innen sozialistisch: die pompöse Nationaloper mit über 200-jähriger Tradition (Seite 79)

★ **Teatr Muzyczny Roma**
Bekannte Musicals mit Glanz, Glitter und allem, was dazugehört (Seite 78)

★ **Akwarium**
Jazzclubikone, die erfolgreich versucht an alte Tage anzuknüpfen (Seite 74)

★ **Piekarnia**
Berühmtester Diskoclub der Stadt (Seite 76)

Geschmack), mit dezent unterkühlter Atmosphäre und schicken Sofas. *pl. Piłsudskiego 9 | www.paprotka.pl | Bus 116, 175, 180 Uniwersytet*

PEWEX [118 B5]

Pewex ist jedem Polen ein Begriff. In den Läden dieses Namens konnte man zu Kommunismuszeiten Westwaren kaufen. Nostalgischer Charakter, aber gleichzeitig trendy mit 1970er-Jahre-Design. Junges Publikum aus dem Künstler- und Studentenmilieu. *Nowy Świat 22/28, Pavillon 26 (im Hinterhof) | Bus 175, 180, 518 Foksal*

PIEKARNIA ⭐ ▶▶ 📶 [116 A4]

Die „Bäckerei" *(piekarnia)* ist ein polenweit bekannter, angesagter Club, der sich in einer kleinen Nebenstraße unweit des Powązki-Friedhofs versteckt und der das Clubbing nach Warschau gebracht hat. Internationale DJs legen hier für Hunderte Gäste House, Electro oder Progressive auf. *ul. Młocińska 11 | www.pieksa.pl | Bus 500, 510 | Tram 1, 2, 16, 17 Rondo Radosława*

SOFIA [120 C1]

Restaurant und Nightclub mit großer Auswahl an Drinks, polnischem Essen, gemütlichen Sitzbereichen. Auf der Bühne Tanz und Striptease-Shows. Nicht billig! *pl. Powstańców Warszawy 1/3 | Tel. 02 28 27 16 93 | www.sofia.net.pl | Metro Świętokrzyska*

STODOŁA ▶▶ [120 C6]

Großer Studentenclub mit 50-jähriger Tradition. Hervorragende Konzerte (Rock, Jazz, Techno, Latino-Sound). Offen und unkompliziert. Rauchfreie Zone. *ul. Batorego 10 | www.stodola.pl | Metro Pole Mokotowskie*

TURBOO ▶▶ [121 D5]

Schwulenclub, aber offen für Heteros. Auf 500 m^2 findet sich alles Mögliche – von Disko und Bar über Kino bis hin zur Sauna. Warschau hat eine aktive Homoclubszene. *ul. Marszałkowska 3/5 | www.turboo.pl | Tram 18, 19, 35 plac Unii Lubelskiej*

■ KINOS ■

KINO.LAB [121 E4]

Inside Tipp

Kleines, unabhängiges Kino mit alternativer Kunstgalerie. Wer in der alternativen Kunstszene hip sein will, der muss sich hier sehen lassen. *Zamek Ujazdowski, Al. Ujazdowskie 6 | Tel. 02 26 28 12 71 | www.kinolab.art.pl | Bus 116, 123, 180, 195 plac Na Rozdrożu*

KINOTEKA ⭐ [120 B2]

Moderner Kinokomplex im historischen Gebäude des Kulturpalasts. Gute Blockbuster und anspruchsvollere Filme, so wie in Polen üblich im Original mit polnischen Untertiteln. *pl. Defilad 1 | Tel. 02 25 51 70 70 | www.kinoteka.pl | Metro Centrum*

■ KNEIPEN & LOKALE ■

CITY CAFE ▶▶ 📶 [120 C4]

Das City Cafe ist eine Mischung aus Kneipe und Café mit Metall- und Ledereinrichtung, direkt an der polytechnischen Hochschule (Politechnika). Für alle, die lieber sitzen und reden wollen, anstatt zu tanzen. *ul. Polna 54 | www.citycafebar.pl | Metro Politechnika*

ŁYSY PINGWIN ▶▶   [119 D2]

Eigentlich eine einfache Kneipe, und doch ist der „Glatzköpfige Pinguin" eines der angesagtesten Lokale. Sofas in Zebramuster, eine Bar und ein paar Steh- und Sitzplätze. Mitten im alten Praga. Jazz, Chill-out, RnB. Regelmäßig DJ-Abende. *ul. Ząbkowska 11 | Tram 7, 8, 9, 24, 25 Ząbkowska*

An lauen Sommerabenden sitzt man auf dem Balkon und blickt vom obersten Stockwerk eines Wohnhauses über die Dächer Warschaus. Keine Angst: der Lift ist zwar alt, aber sicher. *ul. Marszałkowska 85, Eingang von ul. Hoża im Erdgeschoss den Lift nehmen | www.klub podgwiazdami.pl*

Szpilka: Treffpunkt für Nachtschwärmer und alle, die noch hungrig sind

PIANO BAR ▶▶   [121 D2]

Gemütliche, stilvolle Kneipe mit einer beeindruckenden Theke. Natürlich steht hier ein Klavier, das auch regelmäßig benutzt wird. Konzerte meist mit Jazzcharakter. *ul. Chmielna 15 | Metro Centrum*

POD GWIAZDAMI ▶▶ ❄ 🔊   [120 C3]

Diese Bar im Retrolook hat ihren Namen „Unter den Sternen" verdient.

SZPILKA ▶▶ 🔊   [121 D2]

Einer der ersten modernen Clubs in den 1990er-Jahren. Tagsüber ein ganz normales Café, mutiert das Szpilka abends zu einem sehr gut besuchten Club, der bekannt ist dafür, die ganze Nacht geöffnet zu haben (nur 6–7 Uhr geschl.). Wer Hunger hat oder sich unterhalten will, geht zu Szpilka. *pl. Trzech Krzyży 18 | Bus 180, 518 plac Trzech Krzyży*

W OPARACH ABSUDU ▶▶ [119 D2]

„In den Dämpfen des Absurden" heißt diese Kneipe im alten Praga mit einem verrückt anmutenden Stilmix: alte Möbel, Sessel und Nähmaschinen mit romantischer Kerzenbeleuchtung. Ungezwungene, ausgelassene Atmosphäre mit eigenem Charakter. Regelmäßig Livemusik und einer der wenigen Orte, an denen auch Warschauer Lieder gespielt werden. Snacks an der Theke. Achtung: gelegentlich geschlossene Veranstaltungen. Biergarten. *Ząbkowska 6 | Tram 7, 8, 9, 24, 25 Ząbkowska*

>LOW BUDGET

> Zum Hybrydy [120 C2] unbedingt den Studentenausweis mitnehmen, dann kostet der Eintritt der angesagten Studentendisko nur die Hälfte. *ul. Złota 7/9 | Di–Do 21–3, Fr/Sa 21–4 Uhr | Metro Centrum*

> Die Gratiskonzerte im Schloss Wilanów [0] sind für Freunde der klassischen Musik ein Leckerbissen *(So 17 Uhr | m Weißen Saal oder in der Orangerie).* Zuweilen überraschende Zusammensetzung, da man offensichtlich keine Berührungsängste zwischen sogenannter U- und E-Musik hat. *Bus 116, 180, 130, E-2 bis Wilanów*

> Die Polen sind Freiluftfanatiker: Im Sommer finden an jedem Wochenende in den Parks Veranstaltungen statt: Happenings, Musik vom Feinsten (meist gratis), dazu das passende Essen und oft ein Feuerwerk. Termine in Magazinen wie *Warsaw in your pocket, www.inyourpocket.com/city/warsaw.html*

■ MUSIK & THEATER ■

FILHARMONIA NARODOWA [120 C1]

Wichtigster Ort der Stadt für klassische Konzerte mit zwei Sälen, einem für 1000 und einem Kammermusiksaal für 400 Besucher. Das Hausorchester ist eines der profiliertesten in Polen, doch auch das international anerkannte Orchester „Sinfonia Varsovia" tritt hier regelmäßig auf. 2008 war das New York Philharmonic zu Gast. Zuletzt traten aber auch Jazzgrößen wie Chris Botti, Wayne Shorter oder Herbie Hancock auf. Auch Klassikfestivals und -wettbewerbe haben hier ihren Platz. Vorverkauf und Abendkasse vor Ort. *ul. Jasna 5 | Tel. 02 25 51 71 11 | www.filharmonia.pl | Metro Centrum*

TEATR MUZYCZNY ROMA ⭐ [120 C3]

Das Musicaltheater der Stadt. Durchschnittlich gibt es nur eine Premiere pro Saison, doch die hat es meist in sich. Mit großem Erfolg liefen „Cats" und das „Phantom der Oper" in polnischen Versionen sowie „Tanz der Vampire" nach einer Filmvorlage des polnischstämmigen Regisseurs Roman Polanski. *ul. Nowogrodzka 49 | Tel. 02 26 28 89 98 | Reservierungen: rezerwacja@teatrroma.pl | www.teatrroma.pl | Metro Centrum*

TEATR POLONIA [120 C3]

Gegründet und betrieben von der berühmten Schauspielerin Krystyna Janda im alten Kinosaal Polonia – eines der wenigen privaten Theater in Warschau. Große Nachfrage, schnell ausverkauft. *ul. Marszałkowska 56, Eingang ul. Piękna 28 | Tel. 02 26 22 21 32 | www.teatrpolonia.pl | Metro Politechnika*

AM ABEND

W Oparach Absurdu: verrückter Stilmix im alten Praga

Insider Tipp

TEATR SABAT [111 D2]

Edel eingerichtetes Revuetheater im Zentrum für bis zu 250 Besucher, man sitzt an Tischen, in Logen oder im Vip-Bereich. Im Angebot u.a. Konzerte, Shows, Modeschauen, Galas. *ul. Foksal 16 | Tel. 02 28 26 23 55 | www.teatr-sabat.pl | Busse Foksal (bei Nowy Świat)*

TEATR STUDIO BUFFO [121 D3]

Musiktheater mit wechselndem Programm. Ob das Musical „Metro", ein amerikanischer oder ein Zigeunerabend – das Publikum wird von hervorragenden Sängern unterhalten. Tickets vor Ort und an Vorverkaufsstellen. *ul. Marii Konopnickiej 6 | Tel. 02 26 22 63 93 | www.studiobuffo.com.pl | Bus 180, 518 plac Trzech Krzyży*

TEATR WIELKI (OPERA NARODOWA) ⭐ [114 C4]

Im „Großen Theater" mit über 200-jähriger Tradition hat die National-oper ihren Sitz. Besonderer Wert wird bei den Inszenierungen auf polnische Komponisten gelegt, vom Klassiker Stanisław Moniuszko, dem Gründer der Oper, bis zum zeitgenössischen Krzysztof Penderecki. Doch auch alle großen Namen der internationalen Opernwelt sind vertreten – zuletzt in einer grandiosen Aida-Aufführung von Giuseppe Verdi. Außerdem Ballettinszenierungen. Eine Hauptbühne für 1841 Besucher und eine kleine Bühne mit 248 Sitzplätzen. Im ersten Stock befindet sich Polens einziges Theatermuseum. *Aufführungen Sept.–Juni Di–So | pl. Teatralny 1 | Tel. 02 26 92 02 00 | www.teatrwielki.pl | Metro Ratusz*

TEATR ŻYDOWSKI [120 B1]

Einziges jüdisches Theater der Stadt, Vorführungen meist in Jiddisch mit polnischer Übersetzung, doch Stücke wie „Anatevka" versteht man auch ohne Sprachkenntnisse. *pl. Grzybowski 12/16 | Tel. 02 26 20 62 81 | www.teatr-zydowski.art.pl | Metro Świętokrzyska*

> DOBRANOC –
SCHLAFEN SIE GUT!

Luxushotels einer internationalen Kette, individuell
ausgestattetes Künstlerhotel, Apartment oder einfaches Hostel:
Warschau bietet vielfältige Schlafplätze

> **Eine Unterkunft zu finden sollte in War-
schau bei aktuell über 25 000 Gästebetten
in Hotels, Pensionen, Herbergen und Miet-
apartments kein Problem sein. Und die
Zahl der Übernachtungsgelegenheiten
steigt noch immer.**

Alle großen internationalen Hotel-
ketten sind in der Hauptstadt vertreten. Daneben finden Warschaubesu-
cher auch individiuelle Unterkünfte,
die in Berlin oder Paris nicht genauso
aussehen.

Allerdings sind die Hotels in Warschau generell recht teuer. Achten Sie
auf Wochenendpakete und spezielle
Rabatte auf den entsprechenden
Websites. Sie lassen die Hauptstadt-
preise mitunter beträchtlich sinken.
Buchungsmöglichkeiten finden Sie
unter: *www.hotele-online.pl*, *www.
topwarsaw-hotels.com*, *www.polish
travel.com.pl*, *www.polishhotels.pl*.
Recht neu ist auch das Angebot kom-
fortabler Apartments. Mehr Infos

ÜBER NACHTEN

unter: *www.warsawapartments.org,
www.warsawapartments.pl.*

Schon etwas intensiver suchen
muss man hingegen nach preiswerten
Bed-&-Breakfast-Angeboten, kleineren Hotels und Pensionen. Eine Liste
auch günstiger Offerten finden Sie
unter *www.warsawtour.pl.*

Frühstück haben alle Hotels und
Hostels in ihrem Angebot. Manchmal
ist das Frühstück allerdings nicht im
Zimmerpreis enthalten.

■HOTELS € € €

HOTEL KYRIAD PRESTIGE ⌐ɴ [120 A3]

Das moderne Gebäude liegt nur wenige Minuten von Bahnhof und Flughafen. Moderne Zimmer und eine
freundliche Atmosphäre. Wie in allen
Hotels der gehobenen Kategorie gibt
es ein Restaurant, Sauna, Jacuzzi
und Fitnessraum. *144 Zi. | ul. Towa-
rowa 2 | Tel. 02 25 82 75 00 | Fax
02 25 82 75 01 | www.kyriadprestige.
com.pl | Bus, Tram plac Zawiszy*

HOTELS €€

POLONIA PALACE ⭐ [120 C2]

Hier lebt das elegante Warschau der 1920er- und 30er-Jahre wieder auf. Prächtig restauriertes Gebäude schräg gegenüber vom Kulturpalast, abends mit seiner Beleuchtung ein echter Blickfang. Elegant und luxu-

ralbahnhof entfernt. Geboten wird in dem Komplex neben Restaurant und Bar auch ein großzügiges Fitnesszentrum. *311 Zi. | ul. Grzybowska 24 | Tel. 02 23 21 88 88 | Fax 02 23 21 88 89 | www.radisson.com | Bus u. a. 500, 510 Rondo ONZ*

Elegant im altmodischen Stil: Das Polonia Palace lässt alte Zeiten wiedererstehen

riös im altmodischen Stil. Suiten mit kräftigen Aufpreisen. Das Hotelrestaurant bietet eine Mischung aus polnischer und mediterraner Gourmetküche. Wellness- und Fitnessbereich. *206 Zi. | Jerozolimskie 45 | Tel. 02 23 18 28 00 | Fax 02 23 18 28 01 | www.poloniapalace.com | Metro Centrum*

HOTEL RADISSON 🔊 [120 B1]

Internationaler Standard im Business- und Hochhausviertel, nur wenige Minuten von Zentrum und Zent-

THE WESTIN WARSAW 🔊 [120 A1]

Im modernen Wolkenkratzerviertel. ☀ Panoramafahrstuhl. Exzellenter Service und das „bequemste Himmelbett der Welt". *361 Zi. | Jana Pawła II | Tel. 02 24 50 80 00 | Fax 02 24 50 81 11 | www.westin.pl | Bus 500, 510 Rondo ONZ*

▪ HOTELS € €

AIRPORT HOTEL OKĘCIE 🔊 [0]

Gepflegtes Haus, eingerichtet im Vorkriegsstil der 1930er-Jahre, nur

800 m vom Warschauer Flughafen und 4,5 km vom Zentrum entfernt. Zwei Restaurants und eine Cocktailbar. Zimmer mit Internetzugang. Shuttlebus alle 30 Minuten zum Flughafen. *172 Zi. | ul. 17 Stycznia 24 | Tel. 02 24 56 80 00 | Fax 02 24 56 80 29 | www.airporthotel.pl | Bus 175, 17 Stycznia*

CAMPANILE [120 A3]

Das Haus hat ein freundliches, modernes Ambiente. Die neuen Zimmer sind allerdings nicht besonders groß. Wasserkocher im Zimmer. *194 Zi. | ul. Towarowa 2 | Tel. 02 25 82 72 00 | Fax 02 25 82 72 01 | www.campanile.com.pl | Bus 127, 128, 130, 175, Tram 7, 8, 9, 12 plac Zawiszy*

DEDEK PARK [119 E4]

Kleines, im Park Skaryszewski und am See Kamionkowskie ruhig gelegenes Hotel auf der rechten Weichselseite. Gut 2 km vom Zentrum. Sat-TV, Internet. Traditionelles polnisches Essen bekommt man in der dazugehörigen *Karczma u Dedka*. *15 Zi. | Al. Zieleniecka 6/8 | Tel. 02 26 19 77 81 | Fax 02 26 19 45 18 | www.dedek.pl | Tram 7, 8, 25 Al. Zielenecka*

HETMAN ⟫ [119 D2] *Insider Tipp*

Einzige echte Übernachtungsalternative auf der anderen Weichselseite, mitten im alten Praga. Mit Taxi oder Tram 5 Min. ins Zentrum. In renoviertem Altbau mit elegantem Flair und ordentlichen Zimmern. *68 Zi. | ul. Kłopotowskiego 36 | Tel. 02 25 11 98 00 | Fax 02 26 18 51 39 | www.hotelhetman.pl | Tram 3, 6, 13, 21, 25, 26 Dworzec Wileński*

IBIS ⟫ [116 A6]

Internationaler Standard, aber für alle, die in einer fremden Stadt in ein vertrautes Hotel gehen wollen, machen die drei Warschauer Ibis-Standorte, davon zwei in Zentrumsnähe, ein solides Angebot. Interessante Preisnachlässe zum Wochenende. *189 Zi. | Al. Solidarności 165 | Tel. 02 25 20 30 00 | Fax 02 25 20 30 30 | Bus 119, 125, 170, 171, 190, 333; Muranowska 2, Tel. 02 23 10 10 00 | Fax 02 23 10 10 10 | www.ibishotel.com | Bus 127, 180, Tram 15, 19, 35, 36 Muranowska*

MDM ⟫ 120 C3] *Insider Tipp*

Das Reizvollste ist die Lage: Das MDM residiert in ebenjenem Haus am plac Konstytucji, auf das die so-

MARCO POLO HIGHLIGHTS

⭐ **Polonia Palace**
Hier lebt der Glanz des alten, vergessenen Warschau wieder auf (Seite 82)

⭐ **Le Royal Méridien Bristol**
Picasso, Kennedy, die Rolling Stones – sie alle waren schon hier (Seite 84)

⭐ **Rialto**
Neu, aber traditionsreich, luxuriös, aber nicht snobistisch (Seite 84)

⭐ **Kanonia**
Preiswert und mitten drin im Geschehen, nur wenige Schritte von Schloss und Marktplatz entfernt (Seite 87)

HOTELS €€

zialistische Paradestraße Marszałkowska zuführt. Das hat Stil und
verbreitet sein ganz eigenes Flair.
Die Zimmer in dem Hotel sind vergleichsweise groß, der Service zuvorkommend, allerdings ist die Ein-
richtung schon ein wenig in die Jahre
gekommen. *120 Zi. | plac Konstytucji
1 | Tel. 02 23 39 16 00 | Fax
02 26 21 41 73 | www.syrena.com.pl |
Metro Politechnika*

HOTEL REYTAN 📶   [121 D6] *Insider Tipp*
Modernisierte Zimmer mit Internet-
anschluss, teilweise King-Size-
Betten, Sonderangebote an Wochen-
enden und bei Internetbuchung. Spa-
zierentfernung von Parks, Kinos und
Pubs, per Metro oder Bus 10 Minu-
ten zum Zentrum. *86 Zi. | ul. Rejtana
6 | Tel. 02 26 46 31 76 | Fax
02 26 46 29 89 | www.reytan.pl | Me-
tro Pole Mokotowskie*

> LUXUSHOTELS
Exquisites Wohnen und Übernachten

LE REGINA   [114 C1]
Exklusives Boutiquehotel in einer ruhigen Straße der Neustadt, nahe dem
Marktplatz, in einem kleinen, renovier-
ten Palast aus dem 18. Jh. Mit seinen
Säulengängen und dem Innenhof erinnert es ein wenig an ein Kloster – nur
ist es wesentlich luxuriöser. Spabereich
mit Swimmingpool, Fitnessraum und
Sauna. Restaurant *La Rotisserie* mit exklusiver internationaler Küche, Lobby-
lounge mit Kamin. Zimmer unterschied-
licher Kategorie: Standard, Superior, De-
luxe und Suiten. *DZ 250–1350 Euro
(Präsidentensuite) | 61 Zi. | Kościelna 12
| Tel. 02 25 31 60 00 | Fax
02 25 31 60 01 | www.leregina.com |
Bus 175, 518 plac Krasińskich*

**LE ROYAL MÉRIDIEN
BRISTOL** ⭐   [115 D5]
Hier übernachteten schon Berühmthei-
ten wie John F. Kennedy, Pablo Picasso
und die Rolling Stones. Opernstar Jan
Kiepura sang einst auf dem Balkon. Das
erste und immer noch größte Warschauer Nobelhotel in exklusiver Lage
am Königsweg, nahe bei Schloss und
Altstadt. Das Gebäude aus dem 19. Jh.
ist für Warschau Inbegriff des Luxus.
Ausladende Gänge und Konferenzräume
unten, die Zimmer aufwendig eingerichtet. Recht groß und daher nicht so individuell. Edelrestaurant *Malinowa, Café
Bristol* und Bar. *DZ ab 160 Euro | 205 Zi.
| Krakowskie Przedmieście 42/44 | Tel.
02 25 51 10 00 | Fax 02 26 25 25 77 |
www.lemeridien-bristol.com | Busse
116, 122 174, 175 Hotel Bristol*

RIALTO ⭐   [120 C3]
Das stilvollste der drei Warschauer Luxushotels ist erst 2001 durch den kom-
pletten Umbau eines unspektakulären
Eckhauses entstanden. Ganz in der Atmosphäre des Art déco gehalten, dabei
intim und persönlich. Jeder der Räume
ist individuell möbliert (mit Originalmö-
beln vom Anfang des 20. Jhs.). Das Restaurant im Rialto ist ein beliebter Treffpunkt für die Feinschmecker der Stadt.
Zum Haus gehören Fitnessraum, Dampf-
bad und Sauna. *DZ ab 150 Euro | 44 Zi. |
ul. Wilcza 73 | Tel. 02 25 84 87 00 | Fax
02 25 84 87 01 | www.hotelrialto.pl |
Metro Politechnika*

ÜBERNACHTEN

HOTELS €

ETAP HOTEL 🔊 [121 F2]

Das günstigste und neueste Standard-hotel, das nun auch in Warschau zu finden ist. Die Zimmer sind sehr einfach eingerichtet, aber praktisch. TV. *176 Zi. | St. Zagórna 1 | Tel. 02 27 45 36 60 | Fax 02 26 22 55 01 | www. orbis.pl | Bus 155, 171, 185 Towar*

Minute-Offerten. *43 Zi. | ul. Krakowskie Przedmieście 4/6 | Tel. 02 28 26 00 71 | Fax 02 28 26 26 25 | www.hotelharenda.com.pl | Bus u. a. 111, 116, 122, 175, 180 Uniwersytet*

MAZOWIECKI [115 D6]

Ehemaliges Armeehotel in bester Lage, unweit des Sächsischen Gar-

Im Rialto wird Luxus neu definiert: Jedes der 44 Zimmer ist individuell gestaltet

HARENDA 🔊 [118 B5]

Sympathisches Haus am Königsweg zur Altstadt mit bekanntem Bier- und Restaurantgarten und Club im Keller (Musik, Kabarett, Theater). Zu beachten sind die speziellen Angebote, die immer wieder im Programm sind. Zum Beispiel: Bei zwei Tagen Aufenthalt zahlt man nur für eine Nacht. Wer kurz entschlossen bucht, findet im Harenda auch immer wieder Last-

tens. Im unteren Teil des Gebäudes wird in der *Kuźnia Smaku* gutes polnisches Essen serviert. Einfache Einrichtung in einem nicht komplett renovierten Haus, aber sauber. Für alle, Reisenden mit kleinem Geldbeutet, die während ihres Besuches etwas von der oft längst vergessenen sozialistischen Atmosphäre schnuppern wollen. *56 Zi. | Mazowiecka 10 | Tel. 02 28 27 23 65 | Fax 02 26 87 91 17 |*

www.hotelbelwederski.pl | Metro Świętokrzyska, Bus 175 Ordynacka

MERCURE FRYDERYK CHOPIN [120 B1]
Das Hotel ist schöner, als es von außen den Anschein hat. Geschmackvoll eingerichtete Zimmer. Fitnesscenter und Sauna. *249 Zi. | Al. Jana Pawła II 22 | Tel. 02 25 28 03 00 |*

APARTMENTS & GÄSTEZIMMER

AMARYLIS B&B [0] *Insider Tipp*
Eines der wenigen Bed-&-Breakfast-Angebote, in einem gehobenen, ruhigen Wohnviertel des westlichen Stadtteils Wola. Es gibt gute Tram- und Busanbindung. Garten. *6 Zi. | Rzędzińska 19 | Tel./Fax*

Dem Wasser ganz nah: stilecht und günstig Übernachten im Botel auf der Weichsel

Fax 02 25 28 03 03 | www.mercure. com | Bus 500, 510 Rondo ONZ

PREMIERE CLASSE [120 A3]
Hier wird kein Platz verschenkt: In den Zimmern (kleines Bad) stehen ein Bett, ein Tisch und ein Stuhl. Dafür ist alles neu und sauber. *126 Zi. | Towarowa 2 | Tel. 02 26 24 08 00 | Fax 02 26 20 26 29 | Bus 127, 128, 130, 175, Tram 7, 8, 9, 12 plac Zawiszy*

02 28 64 62 91 | www.amarylisbnb. com | Bus 501, Tram 8, 10 plac Kasztelański | €

BABKA TOWER SUITES [116 A4]
Moderne Apartments in den oberen Stockwerken eines Hochhauses beim Einkaufszentrum Arkadia. *50 Apt. | Al. Jana Pawła II 80/D44, Penthouse D, 10. Stock, Eingang von ul. Dzika, Treppenhaus D | Tel. 02 26 37 32 73 |*

Fax 02 26 37 32 60 | www. babkatower.com | Metro Dworzec Gdański | €€

ROYAL ROUTE RESIDENCE [118 B6]

Einzel-, Doppel- und Mehrfachapartments bis hin zu Studios – neu, sauber, voll ausgestattet. Das Beste ist die Lage: direkt an der Fußgängerzone Chmielna und der Nowy Świat, im Restaurant- und Kneipenviertel, nur wenige Schritte von fast allen wichtigen Sehenswürdigkeiten entfernt. *Nowy Świat 29/3 | Tel. 02 26 92 84 95 | Fax 02 28 31 49 56 | www.warsawapartments.net | Bus u.a. 175, 518 Foksal | €*

ST. ANDREW'S PALACE [118 A6]

In der schönen ul. Chmielna in einem klassischen Warschauer Hinterhof. Vollständig modernisiertes Gebäude, aber im Stil seines Baujahres 1900. 24 Suiten mit kompletter Ausstattung. Tägliche Reinigung. Nobel, aber auch recht teuer: Suiten gibt es ab 120 Euro, günstiger wird es bei einem längeren Aufenthalt. *ul. Chmielna 30 | Tel. 02 28 26 46 40 | Fax 02 28 26 96 35 | www.residence.com. pl | Metro Centrum | €€€*

▌HOSTELS▐

Die Hostels bieten Mehrbett- und Doppelzimmer (mit Bad) sowie Küchenbenutzung. Sie sind modern, gepflegt und preiswert.

DOM PRZY RYNKU [114 C1]

Am stimmungsvollen Neustadtmarkt in einem frisch renovierten historischen Gebäude. Nur im Juli und August und an Wochenenden, sonst dient das Haus als Kinderheim. Individuelle Zimmer mit Charakter. Etagenbad, moderne Küche. *40 Plätze (2–4 Pers./Zi.) | Rynek Nowego Miasta 4 | Tel. 02 28 31 50 33 | www. cityhostel.net | Bus u.a. 180, 518 plac Zamkowy | €*

KANONIA ⭐ [115 D2]

Mitten in der Altstadt nur wenige Schritte von Schloss und Marktplatz. Frisch renoviert und sauber, Zimmer für 2 bis 14 Pers. *9 Zi. | Jezuicka 2 | Tel./Fax 02 28 87 65 60 | www.kanonia.pl | Bus plac Zamkowy | €*

▶LOW BUDGET

▶ Botel [119 D5] – vielleicht die romantischste Übernachtung im Budgetbereich: Auf der Weichsel liegen zwei Schiffe vor Anker (1–2 Pers.-Kajüten). Gemeinschaftsbad und -küche. 10 Gehminuten zum Zentrum. *28 Kajüten | Most Poniatowskiego | Tel./Fax 02 26 28 58 83 | www.hostels-botel. com, www.botel.pl*

▶ Nathan's Villa 🔊 [119 C3] – Profihostel in einem schönen Innenhof am plac Konstytucji. Moderne Zimmer, Bäder und Küche. *10 Zi. | Piękna 24/26 | Tel. 02 26 22 29 46 | www.nathansvilla.com | Metro Politechnika*

▶ Oki Doki ▶▶ 🔊 [120 C1] – Künstlerische Alternative zu Standardhostels. Zentral zwischen Kulturpalast und Altstadt. Zweibettzimmer mit antiken Möbeln, von Künstlern individuell gestaltet. Zusätzlich Mehrbettzimmer. *30 Zi. | plac Dąbrowskiego 3 | Tel. 02 28 26 51 12 | Fax 02 28 26 83 57 | www.okidoki.pl | Metro Świętokrzyska*

PUPPEN, CLOWNS UND ELEFANTEN

Auch ohne Polnischkenntnisse werden die Kids viel Spaß haben auf ihren Entdeckungstouren durch Polens Hauptstadt

Auch Familien hat die Stadt einiges zu bieten. Leider beschränken sich viele Kinder- und Familienprogramme auf die Ferienzeit im Winter (Jan./Feb.) und im Sommer (Juli/Aug.). Aktuelles erfahren Sie aus dem Veranstaltungskalender *(www.inyourpocket.com/city/warsaw. html oder http://e-warsaw.pl/2/index. php)*. Vor allem im Sommer finden an jedem Wochenende große Freiluftveranstaltungen für die ganze Familie statt.

BRUNCH

Wer es gemütlich mag und die gute Küche schätzt, der kann am Sonntag mit der ganzen Familie zu einem Brunch in eines der luxuriöseren Hotels der Stadt gehen. Kinder zwischen sechs und zwölf Jahren bezahlen in der Regel die Hälfte, noch kleinere sind frei. Während die Eltern sich am reichhaltigen Büfett bedienen, werden die Kleinen von Erzieherinnen mit Essen, Trinken und Spielen versorgt. Bisweilen sorgt auch ein Clown für Unterhaltung. Allerdings ist das kein allzu billiger Spaß. Der Brunch kostet rund 140 Zł. pro Person. *Marconi im Le Royal Meridien Bristol* [115 D5] *| ul. Krakowskie Przedmieście 42/44 | Tel. 02 25 51 10 00 | www.warsaw.lemeri dien.com/warsaw (u. a. Busse 116, 175, 180); Lila Weneda Restaurant im Hotel Marriott* [120 B3]*, Al. Jerozolimskie 65/79 | Tel. 02 26 30 36 56 | www.marriott.com/was.pl | alle Busse und Straßenbahnen zum Hauptbahnhof*

BUMMELZUG DURCH DIE ALTSTADT

Einen Überblick über Alt- und Neustadt bietet die Fahrt mit dem kleinen Altstadtzug. Der durchkurvt in einer halben Stunde die Gassen und legt vor den wichtigen Sehenswürdigkeiten einen kurzen Stopp ein. Ein Führer erzählt dazu die Geschichte von Gebäuden und Plätzen. Eine Übersetzungshilfe gibt es beim Fahrer. *Frühling–Herbst | Start: plac Zamkowy* [115 D3] *| 11–17 Uhr alle 30 Min. | Infos und Reservierungen unter Tel. 05 01 13 12 45 | Erw. 20 Zł., Kinder 17 Zł. | Bus u. a. 116, 180, 518 plac Zamkowy*

> MIT KINDERN UNTERWEGS

Insider Tipp **HISTORISCHE STRASSENBAHN**

Große und kleine Bahnfreunde werden Spaß an der Fahrt mit einer historischen Straßenbahn haben. Der alte Wagen rumpelt fast eine Stunde lang durch die Stadt, vorbei an zahlreichen Sehenswürdigkeiten. *Juni und Aug. | Start: plac Starynkiewicza* [120 A3] *| 11–18 Uhr alle 50 Min. | Tel. 02 28 43 14 52, 022 94 84 | 2 Zł.*

Insider Tipp **KLETTERGARTEN** [0]

Abenteuer in schwindelerregender Höhe auf Hängebrücken und an Drahtseilen verspricht der Klettergarten im Park Kultury. Bevor es losgeht, erhält man natürlich eine Einführung in die Sicherheitsvorkehrungen. *Von Frühling bis Herbst, tgl. 10–19 Uhr, bei Regen geschlossen | verschiedene Schwierigkeitsgrade, ab 4 J. 20–40 Zł. (je nach Schwierigkeit) | Bus 519 Park Kultury*

PUPPENTHEATER LALKA [120 B2]

Auch wenn die Kids kein Polnisch verstehen, ein Besuch im Puppentheater Lalka macht garantiert Spaß. Zur Aufführung gebracht werden im wechselnden Programm in Polen bekannte Märchen, aber auch eigene Stücke. *Lalka, im Kulturpalast, plac Defilad 1 | Aufführungen um 11, 12 oder 17.30 Uhr | Tel. 02 26 20 49 50 | Tickets: Erw. 17 Zł., Kinder 14 Zł. | www.teatrlalka.waw.pl*

ZOO [118 C2]

Der Warschauer Zoo wurde bereits 1928 eröffnet und galt damals als der größte Tierpark Europas. Allerdings wurde die Anlage lange nicht gerade liebevoll gepflegt. Seit einigen Jahren aber werden die Gehege nach und nach auf einen artgerechten Standard gebracht. Das freut bisher v. a. die Elefanten, die ein neues, großes Gelände bekommen haben. Im Zoo findet man heute rund 5000 Tiere. Bei den Kleinsten besonders bliebt: der Streichelzoo. *ul. Ratuszowa 1/3 | Erw. 12 Zł., Kinder 6 Zł. | www.zoo.waw.pl | Tram: 1, 2, 6,16, 18, 21, 23, 28, Bus: 100, 101, 127, 144, 170, 176, 500, 503, 509, 527*

Bild: Radziwill-Palast

Auf dem Weg der Könige, unterwegs im Königlichen Bäderpark und zu Zeugen der sozialistischen Vergangenheit

Die Spaziergänge sind auf dem hinteren Umschlag und im Cityatlas grün markiert

1 DER KÖNIGSWEG (TRAKT KRÓLEWSKI)

★ Diese Route ist der Weg der Wege, seit Warschau im 16. Jh. Hauptstadt des Königreichs Polen wurde. Er verbindet den Adelspalast Wilanów mit den königlichen Parks und dem Königsschloss in der Altstadt. Besonders lohnend ist der hier beschriebene letzte Streckenabschnitt, der gesäumt ist von vielen repräsentativen Bauwerken und dem Se-

henswertesten, was Warschau zu bieten hat: Nobelstraße, Universität, Schloss, Präsidentenpalast, Altstadt. Der Spaziergang dauert zwei bis drei Stunden.

Startpunkt ist der Drei-Kreuze-Platz, der plac Trzech Krzyży. Mitten auf dem Platz ragt die klassizistische Alexanderkirche auf. Kaum zu glauben, dass sie im Krieg zerstört wurde, so perfekt wurde der dem römischen Pantheon nachempfundene Rundbau 1950 wiederaufgebaut. Der Königsweg

STADT SPAZIERGÄNGE

(Trakt Królewski) folgt nun immer geradeaus der Straße Nowy Świat (Neue Welt). Rechts taucht schon bald ein merkwürdiger architektonischer Zwitter auf: eine hypermoderne Glas- und Stahlfassade, sekundiert vom massiven Quader eines weiteren Hauptdarstellers der Volksrepublik Polen. Hier residierte einst das Zentralkomitee der Kommunistischen Partei. Ironie der Geschichte, dass im sogenannten Weißen Haus unmittelbar nach dem Fall des Eisernen Vorhangs die Warschauer Börse einige Jahre ihren Sitz hatte. Jetzt ist es ein Handelszentrum.

Nun kommt eine Palme ins Blickfeld, die sich mitten auf einer der wichtigsten Kreuzungen der Stadt erhebt, dem Rondo de Gaulle. Natürlich ist das 12 m hohe „Gewächs" nicht echt, aber den Warschauern gefällt's, und die Touristen staunen. Sie überqueren die Kreuzung und gehen weiter auf der Nowy Świat, die nun überraschend schmal, ruhig und vor allem schick wird. Seit Jahrzehnten ist dies die feinste Straße Polens mit luxuriösen Boutiquen und Salons. Hier gab es schon zu sozialistischen Zeiten alles, was es eigentlich nicht geben durfte: Schmuck, Parfüm und Kleidung aus dem Westen. Am Wochenende im Sommer ist die „Neue Welt" ganz für den Autoverkehr gesperrt, und Spaziergänger können ungestört flanieren, aber auch sonst dürfen hier nur Taxis und Busse fahren, und die Bürgersteige sind besonders breit. Restaurants und Lokale laden zur Rast ein, so das legendäre Café Blikle (S. 58), die älteste Warschauer Konditorei (seit 1869), wo es die besten *pączki* (Krapfen) der Stadt gibt. Auf der linken Straßenseite versteckt sich ein Lokal, das nicht so recht in die exklusive Umgebung passen will: die **Insider Tipp** *Bar Familijny* (Nr. 29), eine der vielen sogenannten Milchbars (S. 56).

Überqueren Sie nun die ul. Świętokrzyska, und gehen Sie am klassizistischen Staszyc-Palais der Akademie der Wissenschaften mit dem Denkmal von Nikolaus Kopernikus (1830, Per Thorvaldsen) davor vorbei. Auf der linken Seite erscheint bald die Heiligkreuzkirche (S. 39), in der das Herz von Frédéric Chopin aufbewahrt wird. Wenige Schritte später folgt das spätbrocke Czapski-Palais und gegenüber der Komplex der 1818 gegründeten Warschauer Universität.

Weiter geht es auf der Hauptstraße, die inzwischen Krakowskie Przedmieście (Krakauer Vorstadt) heißt. Bald kommt rechts das feine, 1901 im Stil der Neorenaissance erbaute **Insider Tipp** Hotel Bristol in Sicht und dann der weiße Radziwill-Palast, eines der geschichtsträchtigsten Gebäude Warschaus und seit 1994 Amtssitz des Staatspräsidenten. Am Rand des Schlossplatzes (plac Zamkowy) ragt rechts die Studentenkirche St. Annen (S. 35) auf, von deren ✵ Turm man einen schönen Blick auf die Altstadt hat. Auf der gegenüberliegenden Seite thront, äußerlich relativ bescheiden, hoch über dem Weichselufer das Königsschloss (S. 33).

Vom Schlossplatz folgen Sie dem Hauptweg in die Altstadt (S. 28), vorbei an der Kathedrale. Auf dem kleinen Marktplatz können Sie eine Rast einlegen und z. B. ein **Inside Tipp** Eis von W. Hoduń in der *Nowomiejska 9* genießen. Gestärkt spazieren Sie weiter durch das Stadttor in die Neustadt (S. 25), vorbei an den vielen kleinen Souvenirläden und Restaurants. Sowohl in der Alt- als auch in der Neustadt bieten sich Abstecher vom Hauptweg an, rechts liegen einige ✵ Aussichtsplattformen mit Blick auf die Weichsel. Hier können Sie erkennen, dass die Altstadt einst wie eine Burganlage gebaut worden ist.

2 EDLE BÄUME UND PRÄCHTIGE GEBÄUDE

Warschau hat, gemessen an der Einwohnerzahl, mehr Grünfläche als die meisten anderen europäischen Hauptstädte – und da ist der Urwald Puszcza Kampinoska am Stadtrand noch gar nicht eingerechnet. Der größte und edelste Forst in Zentrumsnähe ist der Królewski Park Łazienkowski (Königlicher Bäderpark), von den Warschauern meist kurz Łazienki (Bäder) genannt. Einstimmen können Sie sich auf dieses Schmuckstück

STADTSPAZIERGÄNGE

mit einem Spaziergang entlang einer wundervollen Allee, gesäumt von Villen und Botschaftsgebäuden. Dauer des Rundwegs: 2 bis 3 Stunden.

Die Tour beginnt wie der erste Stadtspaziergang auf dem plac Trzech Krzyży. Sie gehen nun aber stadtauswärts die elegante Aleje Ujazdowskie entlang. Beidseits der Straße buhlen auf den Sejm, das polnische Parlament. Folgen Sie der Allee, vorbei am ersten kleinen Park der seit dem 12. Jh. bekannten Schlossanlage Ujazdowski, die heute das Zentrum für Moderne Kunst *(S. 55)* beherbergt. Am Zaun des Parks zur Straße hin werden oft Fotos zu verschiedenen Themen ausgestellt.

Der ehemalige Kazimierzowski-Palast ist heute Teil der Universität

frisch restaurierte Villen um die Gunst des Betrachters, rechts etwa der Pałac Karnowskich des Deutschen Historischen Instituts. Der Weg führt jetzt mitten durch das Botschaftsviertel. Bald taucht die politisch gewichtigste, doch architektonisch leider umso hässlichere Gesandtschaft auf: der kantig-graue Kasten der US-amerikanischen Botschaft. Gegenüber fällt der Blick links durch die Bäume

Sie überqueren nun den plac Na Rozdrożu, vorbei am Amtssitz des Ministerpräsidenten *(Kancelaria Premiera)* und vielen weiteren Prachtbauten. Hier erstreckt sich links bereits der Łazienki-Park. Vor einer Kurve steht links ein großes Denkmal von Marschall Jósef Piłsudski, der Polen nach dem Ersten Weltkrieg in die Unabhängigkeit führte und Anfang der 1920er-Jahre hier seinen Wohnsitz hatte – im **Schloss Belvedere**, das sich gleich dahinter repräsentativ erhebt. In dem Palast wohnte von 1990 bis 1995 auch Lech Wałęsa, als er Staatspräsident war.

Die Straße schlängelt sich jetzt recht steil abwärts. Rechts imponiert die gewaltige russische Botschaft, allein das Konsulatsgebäude ist größer als die meisten Vertretungen anderer Länder. An der Kreuzung ul. Belwederska/ul. Gagarina gehen Sie links ein paar Meter die ul. Gagarina hoch, bis sich links der Eingang zum Łazienki-Park öffnet. Hier können Sie nun nach Belieben flanieren. Gehen Sie immer geradeaus, passieren Sie die **Neue Orangerie** mit dem noblen **Belvedere-Restaurant**, und biegen Sie etwas später rechts ab zum **Palais auf dem Wasser (Pałac na Wodzie)** und seinem grandiosen Amphitheater, das

jenem im römischen Herculaneum nachempfunden ist. Hier finden alljährlich im Juli Mozart-Festspiele statt. Verlässliche Wegweiser zum Wasserpalais sind die Rufe der vielen Pfauen, die immer wieder ihre schillernde Federpracht zur Schau stellen. Mit **Gondeln à la Venedig** können Sie **Inside-Tipp** eine Fahrt auf dem See unternehmen, oder Sie genießen im **Café Amfiteatr** eine entspannte Zeit. Vom Schloss geht es zurück zum Hauptweg und dann nicht rechts die bekannte Route, sondern geradeaus weiter. Der Pfad steigt steil an, und Sie erreichen das Denkmal Frédéric Chopins. Die imposante Skulptur ist eine Replik, das Original von 1926 wurde im Zweiten Weltkrieg zerstört. In den Sommermonaten werden hier um 12 und um 16 Uhr Klavierkonzerte unter freiem Himmel geboten. Der nahe gelegene Ausgang führt wieder auf die Aleje Ujazdowskie.

Hochverehrt: Frédéric Chopin

3 MONUMENTALES DAMALS UND HEUTE

Das sozialistische und das moderne Warschau liegen in unmittelbarer Nachbarschaft zueinander. Beide Perioden der Stadtentwicklung verbindet, dass sie erst durch die verheerenden Zerstörungen im Zweiten Weltkrieg zustande kamen – und kommen: Denn noch immer gibt es große Brachflächen mitten in Warschau, etwa um den Kulturpalast herum. Der Spaziergang macht deutlich, welch gewaltige Entwicklung die polnische Hauptstadt in den letzten Jahrzehnten durchgemacht hat. Sie sollten für die Tour zwei Stunden einplanen.

Los geht es am **plac Zbawiciela** *(S. 52)*, den Sie am besten mit der

STADTSPAZIERGÄNGE

Metro (Haltestelle Politechnika) erreichen. Viele Straßenbahnlinien überqueren den relativ kleinen Platz, dessen Charme sich erst auf den zweiten Blick erschließt. Schlendern Sie am besten die ul. Marszałkowska entlang in Richtung Zentrum. Rechts und links dominieren breite Arkaden mit großen Torbögen, während der Blick schon nach wenigen Schritten auf den mächtigen plac Konstytucji (S. 52) fällt. Die schnurgerade und nach Art stalinistischer Prachtstraßen extrabreit ausgewalzte ul. Marszałkowska führt aus dem Stadtmittelpunkt direkt auf diesen Platz zu – hier konnten die 1.-Mai-Paraden und andere Demonstrationen kommunistischer Macht abgehalten werden. Die Gebäude rund um den Platz und entlang der Straße atmen noch den Geist dieser Zeit: Reliefs von Arbeitern, mit Werkzeugen bewaffnet wie für einen Kampf, schmücken die Fassaden der sandsteinfarbenen Blöcke. Schreiten Sie auf der Paradestraße voran bis zum etwa einen halben Kilometer entfernten eigentlichen Stadtzentrum, dem Rondo Dmowskiego, benannt nach Roman Dmowski (1864–1939), der als Vater des polnischen Nationalismus gilt. Unterqueren Sie den großen Kreisverkehr diagonal, sodass Sie beim Hinausgehen direkt auf den Kulturpalast (Pałac Kultury i Nauki, S. 43) zugehen. Diesen können Sie nach rechts umrunden, vorbei am Haupteingang. Werfen Sie einen Blick in das Gebäude, lohnend ist ein Kurzausflug hinauf in den 30. Stock. Von der zweithöchsten ✻ Aussichtsplattform Warschaus schweift der Blick weit über diese Stadt der Kontraste.

Wieder zurück auf der Marszałkowska-Straße taucht vor Ihnen der schmucklose Hauptbahnhof auf und direkt rechts neben ihm die neueste Kreation des modernen Warschaus: Złote Tarasy (Goldene Terrassen, S. 69) – eine Mischung aus Einkaufs- und Unterhaltungszentrum, gleich zu erkennen an ihrer markanten Wellenarchitektur.

Die Route führt nun rechts die Straße Emilii Plater entlang. Hier folgt ein Hochhaus dem nächsten. Etwa das Hotel Intercontinental mit dem riesigen Loch in der Fassade, damit die Vögel durchfliegen können, wie die Warschauer spotten. Direkt dahinter das Warsaw Financial Center mit seiner Glasfassade. Es geht weiter links in die ul. Świętokrzyska. Sogleich folgt das funkelnagelneue Rondo 1 – ein futuristisches Bauwerk voller Licht und Glas. Das Rondo 1 liegt direkt am Kreisverkehr Rondo ONZ, benannt nach den Vereinten Nationen. Rechts führt die Al. Jana Pawła II stadtauswärts. Gleich dahinter erhebt sich ein weiterer Büroturm, dessen Markenzeichen ein spektakulärer, schräg durch die Fassade gezogener Fahrstuhl ist. Wer es konventioneller mag, geht die Straße weiter hoch bis zum Nobelbau des Hotels Westin Grand mit seinem Panoramalift. Dabei fällt der Blick auf einen braunen Wolkenkratzer: das Warsaw Trade Center, Pionier der Skyscraper in Warschau und bis heute eines der höchsten Gebäude der Stadt. Sie sind nun an der Kreuzung der Straßen Jana Pawła II und Królewska angelangt und können rechts abbiegen, vorbei am Hotel Radisson, bis Sie die ul. Marszałkowska wieder erreichen.

EIN TAG IN WARSCHAU

Action pur und einmalige Erlebnisse.
Gehen Sie auf Tour mit unserem Szene-Scout

STARTER

8:00

Erstmal in Ruhe frühstücken! Im *Moja Caffee* hat man eine Riesenauswahl an verschiedenen Toasts, Rühr- oder Spiegeleiern und frischen Säften. Einfach das Lieblingsmenü zusammenstellen, einen Platz am Fenster suchen und entspannt genießen! Tipp: den frischen Grapefruitsaft probieren. **WO?** *ul. Narbutta 83 | Tel. 022/402 99 39 | www.mojacaffee.pl*

9:00

RETRO RADELN

Auf dem bequemen Sattel des Retro-Drahtesels Platz nehmen und mit dem Audioguide im Ohr die Stadt erkunden. Am besten im Łazienkowski-Park beginnen vorbei an Kulturpalast und Schloss. Die Infos aufsaugen und dort stehenbleiben, wo es einem am besten gefällt. **WO?** *ul. Nowiniarska 10 | Kosten: ca. 8 Euro/Tag | Kaution ca. 60 Euro | Bikes am Vortag mieten | Tel. 888/49 84 98 | www.wygodnyrower.pl | Audioguide: Kosten: 6 Euro | http://audiotravels.pl*

TASTY TOUR

11:00

Wem läuft da nicht das Wasser im Munde zusammen? Auf der Gourmettour lernt man mit einem Guide die besten Schlemmertempel kennen. Die Tour führt in die schönsten Patisserien und auf urige Märkte. Natürlich darf man sich dabei nach Herzenslust den Bauch vollschlagen und typische Spezialitäten wie Pierogi mit Kraut und Pilzen probieren. **WO?** *Reservierung unter Tel. 012/421 48 65 | www.tours-warsaw.com*

13:30

HOCH HINAUS

Actionhungrig? Dann nichts wie ab ins Kletterzentrum *On Sight*. Zwischen den einzelnen Schwierigkeitsrouten wählen, Sicherheitsgurt anlegen, Muskeln anspannen und los geht's. An den steilen Wänden muss jeder Handgriff sitzen. Wer oben ankommt und einen Blick nach unten riskiert, wird sich großartig fühlen. **WO?** *Obozowa 60 | Kosten: ca. 6 Euro | Tel. 060/182 48 43 | www.obozowa.waw.pl*

24 h

KULTURSTOPP

15:00

In der *Galerie Raster* trifft man die upcoming artists der neuesten Generation zum Gespräch. Wer genug über Kunst geplaudert hat, für den hat die Galerie noch mehr zu bieten: Kicker, Sessions, Konzerte und Literatur-Events. Vorbeischauen und sich überraschen lassen! **WO?** *ul. Hoża 42 m. 8* | *raster.gallery@gmail.com* | *www.raster.art.pl*

17:30

EVENTBOWLING

Ran an die Kugel. Beim Bowling im *Klub Arco* heißt es nun konzentrieren und alle Pins umwerfen! Doch wer gedacht hat, hier wird nur gebowlt, liegt falsch. Immer wird man von Tanzvorführungen oder Gesangseinlagen abgelenkt. Fun pur! **WO?** *ul. Bitwy Warszawskiej 1920 roku nr 19* | *Tel. 022/668 75 91* | *www.arco-bowling.pl*

AUSSERGEWÖHNLICHES DINNER

20:00

Die Wirte des *Czerwony Wieprz* spielen in ihrem Kult-Restaurant geschickt mit kommunistischen Klischees. Witzig: die Speisekarte. Sie ist unterteilt in Proletariat und Bourgeoisie und auf den Teller kommen Gerichte wie Fidel's Cigars: deftiges Schweinefilet in Zigarrenform gerollt mit kubanischen Tomaten. Unvergesslich! **WO?** *ul. Żelazna 68* | *Tel. 022/850 31 44* | *www.czerwonywieprz.pl*

23:00

ELECTRO BEATS

Tanzen in einer ehemaligen Fabrik – der Elektroclub *M25* ist Kult, auch weil die Räume nicht groß verändert wurden, so dass noch echte Underground-Atmo herrscht. Also nichts wie hin, einen Drink an der Bar nehmen und die Stimmung aufsaugen. Getanzt wird zum Sound der besten DJs erst nach Mitternacht, aber dafür dann bis in den Morgen. **WO?** *Mińska 25* | *www.m25.waw.pl*

> # IN DIE WILDNIS UND ZUM LÄNGSTEN MARKTPLATZ EUROPAS

Kurz hinter der Stadtgrenze liegen Wunder und Attraktionen – geschaffen von Mensch und Natur

1 OTWOCK: VILLEN AUS HOLZ

Das kleine Städtchen, etwa 30 km von Warschau entfernt in einem Kiefernwald gelegen, war vor knapp hundert Jahren ein renommierter Kurort für reiche Polen. Vor allem Juden wohnten in Otwock. Die meisten von ihnen wurden während des Zweiten Weltkriegs ermordet, die Überlebenden wanderten in den 1950er-Jahren aus. Zurückgeblieben sind prächtige Stadtvillen aus Holz, die vom einstigen Glanz des Ortes zeugen – heute allerdings oft dem Verfall anheim gegeben sind. Sie sollten sich für diesen Ausflug einen halben Tag Zeit nehmen.

Stündlich fahren Züge von Warschau nach Otwock [123 F6] *(ab Dworzec Zachodni oder Dworzec Wschodnia | 45 Min. Fahrt | 10 Zł.).* In Otwock *(www.otwock.pl)* gehen Sie an der Unterführung nach links in die *ul. Warszawska.* Neben einem großen

Bild: Puszcza Kampinoska

AUSFLÜGE & TOUREN

Holzhaus steht eine Backsteinruine, die ehemalige Villa Julia. Sie war eines der Wahrzeichen von Otwock und wurde als Sanatorium genutzt. Weiter geht es auf der *ul. Warszawska*. An der Ecke zur *ul. Długiego* stehen etwas zurückgesetzt zwei große Holzhäuser. Sie gehörten zu einem großen Sanatorium für Juden. Geleitet wurde es von Władysław Przygoda, der damals als Koryphäe auf dem Gebiet der Tuberkulosebekämpfung galt.

Während des Krieges befand sich hier das Büro des Judenrates, der für das jüdische Ghetto in Otwock zuständig war.

Folgen Sie der *ul. Długiego*. Wo die Straße in die *ul. Remonta* mündet, sieht man linker Hand im Kiefernwald einen flachen Gedenkstein. An dieser Stelle trieben die Deutschen im August 1942 etwa 2000 Juden aus Otwock zusammen und erschossen sie. Das einfache Mahnmal erinnert an diese Gräueltat. Auf der *ul. Remonta* geht es nun wieder stadteinwärts bis Sie nach etwa 500 m zur Kirche **św. Wincentego à Paulo** kommen. Vom Haupteingang der Kirche schaut man in die *ul. Kościelnej,* in der sich die schönsten **Holzhäuser** befinden. Die meisten wurden Ende des 19. Jhs. erbaut. ==Die Gebäude *ul. Kościelnej 18* bis *12*== gehörten dem reichen jüdischen Geschäftsmann Oszera Perechodnika, dessen Sohn Calel die erschütternden Vorgänge im Ghetto von Otwock aufschrieb. Die ul. Kościelnej führt direkt auf die ul. Warszawska, von wo der Bahnhof schon zu sehen ist.

Insider Tipp

2 PUSZCZA KAMPINOSKA: AB IN DIE NATUR!

Dieser riesige Urwald, der bis an den Warschauer Stadtrand heranreicht, bietet das wohl krasseste Kontrastprogramm zum Citytrubel. Seit 1959 trägt die Wildnis den höchsten internationalen Schutzstatus eines Nationalparks. Auf insgesamt über 360 km ausgeschilderten Wanderwegen können Sie nicht nur urwüchsige Natur erleben, sondern treffen mit etwas Glück auch auf einen Elch. Etwa 50 der imposanten Sumpfhirsche leben im Reservat, zusammen mit Luchsen, Bibern, Schwarzstörchen und über hundert anderen geschützten Tierarten. Wichtig auf dieser Tour sind robuste Kleidung und gutes Schuhwerk, unbedingt auch ein Antimückenspray. Sie haben Dutzende Routen zur Wahl (1–2 Stunden oder mehrere Tage). Bei längeren Touren am besten Verpflegung mitbringen.

Fahren Sie mit der Metro bis plac Wilsona und von dort mit dem Stadtbus 701 ins Zentrum des Warschauer Vororts **Łomianki [123 D4]** *(erst bei der Haltestelle Kampinoska aussteigen, Fahrkarte 4,80 Zł. in eine Richtung).* Von hier sind es nur wenige Schritte bis zu einem der zahlreichen Eingänge in den zweitgrößten polnischen Nationalpark. Autofahrer sollten die 40 km lange Fahrt von Warschau nach **Kampinos [122 B5]** unternehmen (Holzkirche von 1783, klassizistischer Gutshof). Von dort führt eine Sackgasse nach **Granica [122 B4]** (Zelt-/Grillplatz, Lokal). Besonders reizvoll: ==Sie können sich mit einem Pferdegespann durch den Urwald kutschieren lassen.== In Granica hat das kleine **Museum des Nationalparks** sein Domizil. Für längere Wanderungen, Spaziergänge und Fahrradtouren (Räder beim Förster zu leihen) empfiehlt sich eine detaillierte Karte der Umgebung. Selbst Menschen mit gutem Orientierungsvermögen laufen Gefahr, sich in der Tiefe der Puszcza zu verirren. Ausführliche Beschreibung des Nationalparks unter: *www.kampinoski-pn.gov.pl/de.php,* Auflistung der Wanderwege: *www.kampinoska.waw.pl (auf „szlaki turystyczne" klicken)*

Insider Tipp

3 PUŁTUSK: VENEDIG MASOVIENS

Mit seinem mittelalterlichen Marktplatz, dem beeindruckenden Schloss und der malerischen Lage am Fluss Narew zählt das 60 km entfernte Pułtusk zu den schönsten Kleinstädten Polens. Der Ausflug dauert mindestens 5 Stunden.

Täglich fahren mehrere Busse von Warschau nach **Pułtusk [123 E1]** *(ab Westbahnhof – Dworzec Zachodni |*

13 Zł.). **Pułtusk** *(www.pultusk.pl)* ist eine der ältesten Städte der Region Masovien – mit Warschau als Zentrum – und nennt sich auch gern das „Venedig Masoviens". Durch die Lage an der Narew und am Kreuzungspunkt mehrerer Handelswege weckte Pułtusk in seiner gut tausendjährigen Geschichte immer wieder

sechs Nächte vor der Schlacht bei Pułtusk verbrachte , der gotische **Rathausturm** von 1405, Reste der historischen **Stadtmauer**. Überragt werden alle diese steinernen Zeugen der Stadtgeschichte vom *Schloss,* in dessen Architektur im Laufe der Jahrhunderte alle Stilrichtungen der Kunstgeschichte ihre Spuren hinter-

In den Wäldern der Puszcza Kampinoska findet auch der Schwarzstorch eine Heimat

Begehrlichkeiten diverser Herrscher, erlebte aber auch viele Perioden des Wohlstands. Der Marktplatz, mit 400 m der angeblich längste Europas, kündet von der einstigen Bedeutung der Stadt. Alle wichtigen Sehenswürdigkeiten gruppieren sich um diesen Platz: die **Stiftskirche St. Matthäus** *(kościół Farny)* mit prächtigen Renaissancefresken, das **Napoleon-Haus**, in dem Bonaparte einst

ließen. Als Renaissancebau errichtet, wurde er später von mehreren Baumeistern ergänzt und umgebaut. Inzwischen ist der Bau vollkommen renoviert worden. Ein Hotel mit Konferenzzentrum und ein Restaurant mit traditioneller nationaler Küche *(40 Zi. | ul. Szkolna 11 | Tel. 02 36 92 90 00 | Fax 02 36 92 36 20 | www.dompolonii.pultusk.pl | €€)* haben Einzug gehalten.

> VON ANREISE BIS ZOLL

Urlaub von Anfang bis Ende: die wichtigsten Adressen und Informationen für Ihre Warschaureise

■ ANREISE

AUTO

Auf der A2 von Berlin nach Warschau. Auch diese Hauptstrecke ist noch immer sehr schlecht ausgebaut. Es gibt nur drei längere Autobahnabschnitte (je 11 Zł., *www.autostrada-a2.pl/en/oplaty/stawki/*). Die 600 km von Berlin dauern mindestens 8 Std. Aus Österreich fährt man über Tschechien nach Breslau (Wrocław) und weiter in Richtung Warschau.

BAHN

Von Berlin nach Warschau viermal täglich mit dem Eurocity Berlin-Warszawa-Express in gut 6 Std. (ca. 40 Euro). 2 Stunden länger fahren die beiden Nachtzüge. Knapp 12 Std. braucht der direkte Nachtzug von Köln. Dreimal täglich fährt der Eurocity von Wien nach Warschau, 8 Std. Infos unter: *www.bahn.de*

BUS

Von zahlreichen deutschen Städten starten kleine und große Busse nach Warschau. Die Reise endet meistens am Westbahnhof *(Dworzec Zachodni)*. *www.eurolines.de*

FLUGZEUG

Warschaus Flughafen *Fryderyk Chopin*, auch *Okęcie* genannt *(Tel. 02 26 50 42 20 | www.lotnisko-chopina.pl)*, liegt nur ca. 10 km vom

PRAKTISCHE HINWEISE

Zentrum entfernt. Die Passagierzahlen steigen rapide (2007 über 9 Mio.), daher wird er gerade vergrößert. Seit der Eröffnung des neuen Terminals 2 landen alle Linien am Hauptterminal. Die Billigflieger (u. a. Germanwings, *www.germanwings. com*, Wizzair, *www.wizzair.com*, SkyEurope, *www.skyeurope.com*) starten allerdings noch immer vom Nebenterminal *Etiuda*. Das Angebot der Billigflieger ändert sich laufend.

Vom Flughafen ins Zentrum mit dem Bus 175 (ca. 30 Min.). Vorsicht vor Taschendieben! Tickets an den Kiosken im Terminal oder für 3 Zł. beim Fahrer (passender Betrag). Der Nachtbus 611 fährt zum Bahnhof Warszawa Centralna (4,80 Zł.). Direkt vor der Ankunftshalle stehen Taxis (15–30 Min., ca. 30 Zł.).

■ AUSKUNFT VOR DER REISE ■

POLNISCHES FREMDENVERKEHRSAMT

– *Kurfürstendamm 71 | 10709 Berlin | Tel. 030/210 09 20 | www.polen-info.de | Mo–Fr 9–16 Uhr*
– *Lerchenfelder Str. 2 | 1080 Wien | Tel. 01/524 71 91 | www.poleninfo.at | Mo–Do 9–16, Fr 9–15 Uhr, auch für die Schweiz zuständig*

■ AUSKUNFT IN WARSCHAU ■

TOURISTENINFORMATION

– *Krakowskie Przedmieście 89 | Ecke pl. Zamkowy (am Königsschloss) | Tel. 022 94 31 | tgl. 9–20, Okt.–April 9–18 Uhr | www.wcit.waw.pl*

– *Dworzec Centralny (Zentralbahnhof, Haupthalle) | tgl. 8–20, Okt. bis April 8–18 Uhr*
– *Flughafen Okęcie, Ankunftshalle | tgl. 8–20, Okt.–April 8–18 Uhr*
– *Flughafen Etiuda, Ankunftshalle, tgl. 8–20, Okt.–April 8–18 Uhr*
– *Dworzec Zachodni (Busbahnhof West) | tgl. 9–20, Okt.–April 9–18 Uhr*

WÄHRUNGSRECHNER

€	Złoty	Złoty	€
1	3,55	1	0,28
3	10,65	5	1,40
5	17,75	20	5,60
7	24,85	30	8,40
10	35,50	70	19,60
25	85,75	150	42,00
70	248,50	250	70,00
90	319,50	700	196,00
150	532,50	900	252,00

Die Polnische Tourismusorganisation (POT) hat ein Informationstelefon auch auf Deutsch (10–22 Uhr) eingerichtet: *Tel. 0800/20 03 00 oder 0048/608/59 99 99*

■ AUTO ■

Auf den wenigen Autobahnen und Schnellstraßen gilt 130 km/h, auf Landstraßen 90 km/h, in geschlossenen Ortschaften 50 km/h, von 23 bis 5 Uhr 60 km/h. Vielerorts gibt es Radarkontrollen. Ausländer zahlen direkt vor Ort. Viele Straßen sind in schlechtem Zustand. Es wird waghalsig überholt. In der Innenstadt ist es nicht immer leicht, einen Parkplatz zu finden. An blauen Sammelparkuhren müssen an Werktagen von 8 bis 18 Uhr mindestens 0,40 Zł., für eine Stunde 2 Zł. bezahlt werden. Pannenhilfe *(Pomoc drogowa)* rund um die Uhr unter *Tel. 981.*

■ DIPLOMATISCHE VERTRETUNGEN

BOTSCHAFT DER BUNDESREPUBLIK DEUTSCHLAND
ul. Jazdów 12 | 00-467 Warszawa | Tel. 02 25 84 17 00 | Fax 02 25 84 17 39 | www.ambasadanie miec.pl | Bus u. a. 116, 180, 195 ul. Piękna

BOTSCHAFT DER REPUBLIK ÖSTERREICH
Gagarina 34 | 00-748 Warszawa | Tel. 02 28 41 00 81 | Fax 02 28 41 00 85 | www.aussenministe rium.at/warschau | Bus u. a. 180 Stępińska

BOTSCHAFT DER SCHWEIZERISCHEN EIDGENOSSENSCHAFT
Aleje Ujazdowskie 27 | 00-540 Warszawa | Tel. 02 26 28 04 81 | Fax 02 26 21 05 48 | www.eda.admin.ch/ warsaw | Bus u.a. 180, 518 plac Trzech Krzyży

■ EINREISE

Seit Polen im Frühjahr 2007 dem Schengenraum beigetreten ist, sind die meisten Grenzkontrollen weggefallen. Dennoch sollte bei der Einreise aus Deutschland und Österreich der Personalausweis mitgeführt werden. Wer aus der Schweiz kommt, muss auf jeden Fall den Personalausweis vorzeigen.

■ GESUNDHEIT

Die Krankenkasse übernimmt die Arztkosten in Polen. Aber Sie brauchen die europäische Versicherungskarte (EHIC, kostenlos bei Ihrer Krankenkasse). Sie müssen vor Ort bezahlen und bekommen das Geld von Ihrer Kasse später erstattet.

Apotheken haben geöffnet wie alle anderen Geschäfte, außerdem gibt es einige 24-Stunden-Apotheken (z.B. Zentralbahnhof, Ostbahnhof). Nicht verschreibungspflichtige Medikamente sind in der Regel in Polen noch immer etwas billiger.

Zahlreiche Privatunternehmen bieten medizinische Dienste an (meist Englisch sprechende Ärzte). Infos unter: *www.cmlim.pl, www.da mian.com.pl, www.medicover.pl*

■ INTERNET

Aktuelle Infos über Politik, Kultur sowie Tipps zum Ausgehen und Einkaufen geben: *www.warsawvoice.pl/; www.polandmonthly.pl/; www.nwe. com.pl/; www.inyourpocket.com/city/ warsaw.html* – allgemeine Infos, Tipps, Hotelbuchungen; *www.war sawinsider.pl/* – Tipps über das kulturelle Angebot; *www.tripadvisor.de/ Tourism-g274856-Warsaw_Central_ Poland-Vacations.html* – Links aller Art; *http://e-warsaw.pl/2/index.php* – offizielle Seite der Stadt, alle Infos für die Reisevorbereitung; *www.war schau.info/index.html* – eine der besten Warschauseiten auf Deutsch (Sehenswürdigkeiten, Anreise); *www. euroave.com/maps/00mapx.php?xci ty=warsaw* – Online-Stadtplan, Zimmerbuchung; *www.warsawtour.pl/ index.php?id=61&olang=5* – offizielle Seite der Stadt (Unterkunft)

PRAKTISCHE HINWEISE

INTERNETCAFÉS

Es gibt inzwischen sehr viele Internetcafés und es werden ständig neue eröffnet. Die meisten haben von 9 bis 22 Uhr geöffnet. Zentral ist das *Internet Café (Nowy Świat 18/20)* [118 B5], gemütlich ist *Incognito (Krzywe Koło 22)* [114 C2].

KLIMA & REISEZEIT

Der Winter dauert von Dezember oft bis April und kann sehr ungemütlich sein, im Sommer (Mai–Sept.) herrscht mitteleuropäisches Klima.

MEDIEN

Internationale Presse bekommen Sie in den Medienhäusern von EMPIK *(Nowy Świat, ul. Marszałkowska etc.)*, u. a. die deutschsprachige Monatszeitung *polen-rundschau*.

MIETWAGEN

Local Rent a Car Poland Ltd. | *ul. Marszałkowska 140* | *Tel. 02 28 26 71 00* | *www.lrc.com.pl* | *pro Tag ab 30 Euro*

NOTRUFE

Krankenwagen 999, vom Handy 112, Polizei 997, Feuerwehr 998. Polizeirufnummer für ausländische Touristen: *08 00 20 03 00,* vom Handy *48 60 89 99 99,* auf Englisch, seltener auf Deutsch

ÖFFENTLICHE VERKEHRSMITTEL

Ein dichtes Bus- und Straßenbahnnetz durchzieht die Stadt. Außerdem gibt es eine Metrolinie, die von einem Ende der Stadt an das andere reicht. Eine zweite Trasse zum neuen Stadion ist geplant. Die Metro fährt von ca. 5 bis 0.30 Uhr, alle 3 bis 4 Minuten in den Stoßzeiten, außerhalb alle 4 bis 8 Minuten. Busse und Straßenbahnen fahren bis ca. 23 Uhr. Danach verkehren im Halbstundentakt Nachtbusse (gekennzeichnet durch ein N, Start ist der Zentralbahnhof,

WAS KOSTET WIE VIEL?

KAFFEE	2–3 EURO	für eine Tasse Milchkaffee
BIER	2–3 EURO	für ein Bier in der Kneipe
PIROGGEN	4 EURO	für eine Portion im Imbiss
TAGESKARTE	3 EURO	für Bus, Metro, Tram
DVD	20 EURO	für eine Neuerscheinung
KINO	5 EURO	für eine Eintrittskarte

halten nur auf Klingelzeichen). Fahrkarten git es an Kiosken oder etwas teurer beim Fahrer (kein Wechselgeld!). Ein Einzelticket (*bilet normalny,* eine Fahrt ohne Umsteigen) kostet 2,80 Zł. Fast immer rentiert sich daher das 24-Stunden-Ticket für 9 Zł., mit dem Sie beliebig oft zwischen Bus, Tram und Metro wechseln können, oder das Dreitageticket (*bilet trzy dniowy* für 16 Zł.). Alle Fahrkarten müssen in den Verkehrsmitteln entwertet werden, in der Metro an der Eingangsschranke.

Für Touristen gibt es eine spezielle Karte *(Warszawska Karta Turysty)*, die neben der freien Benutzung aller Busse und Bahnen auch kostenlose Eintritte in Museen und Rabatte, z. B. in Hotels, anbietet (1 Tag/35 Zł., 3 Tage/65 Zł., bei Touristinformationen und in Hotels). Infos unter: *www.warsawtour.pl*

■ ÖFFNUNGSZEITEN ■

Kaufhäuser, große Einkaufszentren und viele Supermärkte haben täglich von 9 bis 21 Uhr geöffnet. Restaurants und Cafés haben in der Regel keinen Ruhetag. Viele Museen sind montags geschlossen. Kleine Lebensmittelläden und Markthallen öffnen *Mo–Fr 10–19, Sa 10–14,* Banken *Mo–Fr 9–18, Sa 9–14 Uhr.*

■ POST ■

Die Hauptpost *(Poczta Główna, ul. Świętokrzyska 31/33)* ist rund um die Uhr geöffnet. Briefe bis 50 g innerhalb Polens: 1,45 Zł., nach Europa: 2,40 Zł. Priorytet-Briefe kosten mehr (Standardbrief 3 Zł.), kommen aber innerhalb von drei Werktagen in ganz Europa an (Aufkleber am Schalter).

■ PREISE & WÄHRUNG ■

Währung ist der *Złoty* (Zł., auf Finanzmärkten PLN), der aus 100 *groszy* besteht *(1 grosz)*. Der Złoty hat sich in den letzten Jahren zu einer stabilen Währung gemausert und hält sich seitdem bei ca. 3,55 Zł. pro Euro. Eine Euro-Einführung ist frühestens 2013 zu erwarten. Grundnahrungsmittel und Busfahrkarten sind günstig, Restaurants, Kinos und Luxusprodukte wie Elektronik liegen dagegen auf Westniveau. Am besten Geld an einem Automaten *(bankomat)* abheben, die es überall gibt. Der Bargeldtausch lohnt sich kaum.

■ SICHERHEIT ■

Natürlich kann immer und überall etwas passieren, doch im Prinzip ist jede Ecke Warschaus rund um die Uhr sicher. Die Warschauer selbst haben jedoch eine übertrieben schei-

WETTER IN WARSCHAU

Jan.	Feb.	März	April	Mai	Juni	Juli	Aug.	Sept.	Okt.	Nov.	Dez.
−1	0	5	13	19	23	24	23	19	13	6	2

Tagestemperaturen in °C

Jan.	Feb.	März	April	Mai	Juni	Juli	Aug.	Sept.	Okt.	Nov.	Dez.
−6	−6	−2	3	9	12	14	13	10	5	1	−3

Nachttemperaturen in °C

Jan.	Feb.	März	April	Mai	Juni	Juli	Aug.	Sept.	Okt.	Nov.	Dez.
1	2	4	5	6	8	7	7	6	4	1	1

Sonnenschein Std./Tag

Jan.	Feb.	März	April	Mai	Juni	Juli	Aug.	Sept.	Okt.	Nov.	Dez.
9	8	6	7	10	8	12	9	8	6	8	11

Niederschlag Tage/Monat

nende Angst vor Kriminalität. Trotzdem ist es ratsam, nicht leichtsinnig, aber entspannt an das Thema heranzugehen: keine Wertsachen im Auto lassen, Geldbörse am Körper – das reicht fast immer.

STADTRUNDFAHRTEN

Sightseeingbusse (Doppeldecker mit offenem Dach) stehen am Schlossplatz *(plac Zamkowy)*. Individuelle thematische Führungen per Bus ab 65 Zł./Std.: u.a. *Wawatour | ul. Sycowska 24/1 | Tel/Fax 02 28 46 62 51 | www.tour.waw.pl*. Kutschfahrten (Schlossplatz, Altstadtmarkt) durch die Altstadt kosten ca. 200 Zł. Eine günstigere Alternative sind Fahrradrikschas am Altstadtmarkt.

TAXI

Nehmen Sie nur Taxis mit Telefonnummer auf dem Dach. Leuchtet die Nummer, ist das Taxi frei. Startgebühr sind 6 Zł., pro Kilometer kommen 2–3 Zł. hinzu. Nachttarife liegen ca. 50 Prozent darüber.

TELEFON & HANDY

Vorwahl nach Deutschland: *0049*, Österreich *0043*, in die Schweiz *0041*. Vorwahl nach Polen: *0048*, danach Ortsvorwahl ohne Null.

Telefonzellen *(budka telefoniczna)* akzeptieren nur Karten *(karty telefoniczne)*, an Kiosken ab 10 Zł. aufwärts. Telefonieren ins Ausland ist teuer (über 2 Zł./Min.). Für Anrufe mit einem nichtpolnischen Handy zahlen Sie doppelt: Roaming- und Auslandsgebühren. Alternative für Notebookbesitzer: in einem Hotspot per Skype telefonieren. Beim Roaming spart, wer das günstigste Netz

wählt. Mit einer polnischen Prepaid-Karte entfallen die Gebühren für eingehende Anrufe. Solide Anbieter sind *Era (http://www.era.pl/pl/indywidualni/telefony)* und *Plus (http://www.plus.pl/oferta_indywidualna/)*. Prepaid-Karten wie die von GlobalSim *(www.globalsim.net)* ersparen alle Roaming-Gebühren. Immer günstig sind SMS. Hohe Kosten verursacht die Mailbox: Besser abschalten!

TOILETTEN

Damentoiletten sind oft durch einen Kreis, Männertoiletten durch ein Dreieck gekennzeichnet, z. T. wird eine Gebühr von 1–1,50 Zł. verlangt.

TRINKGELD

In der Regel werden 10 Prozent gegeben, wenn nicht automatisch 10 Prozent Service auf die Rechnung geschlagen wurden.

WLAN

Wer mit dem Laptop unterwegs ist, wird im Zentrum schnell auf einen Hotspot stoßen. Nicht überall ist der drahtlose Anschluss ans Internet kostenlos (10 Zł./2 Std., 24-Std.-Karte/30 Zł.).

ZEIT

Es gilt die MEZ, Sommerzeit wie in Deutschland.

ZOLL

Am 1. Januar 2009 sind die letzten Einfuhrbeschränkungen weggefallen. Es gelten nun die Regeln des europäischen Binnenmarktes. Zum Beispiel dürfen 800 Zigaretten oder 110 Liter Bier eingeführt werden. Nähere Infos unter *www.zoll.de*

> CZY MÓWISZ PO POLSKU?

„Sprichst du Polnisch?" Dieser Sprachführer hilft Ihnen, die wichtigsten Wörter und Sätze auf Polnisch zu sagen

Aussprache

Zur Erleichterung der Aussprache sind alle polnischen Wörter mit einer einfachen Aussprache (in eckigen Klammern) versehen. In mehrsilbigen Wörtern wird die vorletzte Silbe betont.

Polnische Phonetik:

a = immer kurz	ó = u
ą = on (nasal) wie im Französischen	rz = französisches j in „Journal"
c = z wie in „Zeit" (nie wie k)	s = immer scharf
ę = en (nasal) wie Französisch („in...")	ś = sj
ł = etwa wie englisches w	sz = sch
ń = nj wie in „Champagner"	ż = rz = französisches j

■ AUF EINEN BLICK ■

Ja./Nein./Vielleicht.	Tak. [tak]/Nie. [njä]/Może. [moschä]
Bitte./Danke.	Proszę. [proschä]/Dziękuję. [dschänkujä]
Gern geschehen.	Zrobiłem/zrobiłam to z przyjemnością. [sroobieuäm/srobiewam to spschejämnoschtschon]
Entschuldigung!	Przepraszam! [pschäprascham]
Wie bitte?	Słucham? [swucham]
Ich verstehe Sie nicht.	Nie rozumiem pana/pani. [njä roosumjäm pana/pani]
Können Sie mir bitte helfen?	Czy może mi pan/pani pomóc? [tsche moschä mie pan/pani pomuz]
Ich möchte …	Chciałbym/Chciałabym … [chtschaubem/chtschauabem]
Das gefällt mir (nicht).	To mi się (nie) podoba. [to mie sche (njä) poddobba]
Haben Sie …?	Czy ma pan/pani …? [tsche ma pan/pani]
Wie viel kostet es?	Ile to kosztuje? [ielä to koschtujä]
Wie viel Uhr ist es?	Która godzina? [ktura godschiena]

■ KENNENLERNEN ■

Guten Morgen/Tag!	Dzień dobry! [dschen dobre]
Guten Abend!	Dobry wieczór! [dobre wjätschur]
Hallo!/Grüß dich!	Cześć!/Witam! [tschäschtsch/wietam]
Wie heißt du?	Jak się nazywasz? [jak sche nasewasch]

> **www.marcopolo.de/warschau**

SPRACHFÜHRER POLNISCH

Wie geht es Ihnen?	Jak się panu/pani powodzi?
	[jak sche panu/pani powodschie]
Danke. Und Ihnen?	Dziękuję. [dsjänkujä]
	A panu/pani? [a panu/pani]
Auf Wiedersehen!	Do widzenia! [do wiedsänja]
Bis morgen!	Do jutra! [do jutra]
Gute Nacht!	Dobranoc! [dobranoz]
Tschüss!	Cześć!/Serwus! [tschäschtsch/särwus]

UNTERWEGS

AUSKUNFT

links	na lewo [na lewo]
rechts	na prawo [na prawo]
geradeaus	prosto [prossto]
nah/weit	blisko [bliesko]/daleko [daläko]
Bitte, wo ist …?	Przepraszam, gdzie jest …?
	[pschäpraszam, gdschjä jäst]
Bahnhof	dworzec [dwoschez]/kolejowy [koläjowe]
Bus	autobus [autobus]
Wie weit ist das?	Jak to jest daleko? [jak to jäst daläko]

PANNE

Ich habe eine Panne.	Mam awarię samochodu.
	[mam awarjä samochodu]
Würden Sie mich bis zur nächsten Werkstatt abschleppen?	Odholowałby mnie pan/odholowałaby mnie pani do najbliższego warsztatu? [otcholowaube mnjä pan/otcholowaube mnjä pani do najblieschschägo warschtatu]
Wo ist hier in der Nähe eine Werkstatt?	Gdzie jest tu w pobliżu warsztat samochodowy? [gdschjä jäst tu fpoblieschu warschtat samochodowe]

TANKSTELLE

Wo ist bitte die nächste Tankstelle?	Przepraszam, gdzie jest najbliższa stacja benzynowa? [pschäpraszam, gdschjä jäst najblieschscha stazja bänsinowwa]
Ich möchte … Liter	Chciałbym/chciałabym … litrów [chtschjaubem/chtschjauabem … lietruf]
… Normalbenzin.	… benzyny niskooktanowej. [bänsene niesko oktanowäj]

... Super/Diesel.   ... wysokooktanowej/ropy.
                                  [wisoko oktanowäj/roppi]
Voll tanken, bitte.   Proszę do pełna. [proschä do päuna]

UNFALL
Hilfe!   Ratunku! [ratunku]
Rufen Sie bitte schnell ...   Proszę wezwać szybko ...
                                  [proschä wäswatsch schipko]

  ... einen Krankenwagen.   ... karetkę pogotowia. [karätkä pogotowja]
  ... die Polizei.   ... policję. [polietzjä]
  ... die Feuerwehr.   ... straż pożarną. [strasch poscharnom]
Es war Ihre Schuld.   To była pana/pani wina. [to biua pana/pani wiena]
Geben Sie mir bitte   Proszę mi podać pana/pani nazwisko Ihren
Namen und Ihre   i adres. [proschä mie podatsch pana/
Anschrift.   panie naswiesko ie adräs]

◼ ESSEN/UNTERHALTUNG

Wo gibt es hier ...   Gdzie jest tu w pobliżu ...
                                  [gdschjä jäst tu fpoblieschu]

  ... ein gutes Restaurant?   ... dobra restauracja? [dobra rästaurazja]
  ... ein nicht zu teures   ... niezbyt droga restauracja?
  Restaurant?   [njäsbet droga rästaurazja]
Gibt es hier eine   Czy jest tu jakaś miła knajpa?
gemütliche Kneipe?   [tsche jäst tu jakasch mieua knajpa]
Reservieren Sie uns bitte   Proszę zarezerwować dla nas na dziś
für heute Abend einen   wieczór stolik na cztery osoby.
Tisch für vier Personen.   [proschä saräserwowatsch dla nas na
                                  dschiesch wjätschur stoliek na tschtäre osobe]

Auf Ihr Wohl!   Pana/pani zdrowie! [pana/pani sdroowjä]
Bezahlen, bitte.   Mogę zapłacić? [mogä sapuatschietsch]
Hat es geschmeckt?   Smakowało? [smakowauo]
Das Essen war   Jedzenie było znakomite.
ausgezeichnet.   [jädsänjä biuo snakomietä]

◼ ÜBERNACHTUNG

Können Sie mir bitte ...   Może mi pan/pani polecić ...
empfehlen?   [moschä mie pan/pani polätschietsch]
  ... ein gutes Hotel...   ... dobry hotel? [dobre hotäl]
  ... eine Pension...   ... pensjonat? [pänsjonat]
Haben Sie noch   Czy ma pan/pani jeszcze wolne
Zimmer frei?   pokoje? [tsche ma pan/pani jäschtschä
                                  wolná pokojä]

ein Einzelzimmer   pokój jednoosobowy [pukuj jädno osobowe]
ein Zweibettzimmer   pokój dwuosobowy [pukuj dwuosobowe]

SPRACHFÜHRER

mit Bad	z łazienką [suasiänkom]
mit Dusche	z prysznicem [sprischnietzäm]
für eine Nacht	na jedną noc [na jädnom notz]
für eine Woche	na tydzień [na tidsiänj]
Was kostet das Zimmer mit …	Ile kosztuje pokój … [ilä koschtujä pukuj]
… Frühstück?	… ze śniadaniem? [sä schnjadanjäm]
… Halbpension?	… ze śniadaniem i kolacją? [sä schnjadanjäm i kolazjom]
… Vollpension?	… z całodziennym wyżywieniem? [s zauodsännim wischiwjänjem]
Kann ich das Zimmer ansehen?	Mogę ten pokój obejrzeć? [mogä tän pukuj obäjschätsch]

▨ PRAKTISCHE INFORMATIONEN ▨

ARZT

Können Sie mir einen guten Arzt empfehlen?	Czy może mi pan/pani polecić dobrego lekarza? [tsche moschä mie pan/pani polätschitsch dobrägo läkascha]
Ich habe hier Schmerzen.	Tu mnie boli. [tu mnjä bolie]

BANK

Wo ist hier bitte …	Gdzie tu jest … [gdschjä tu jäst …]
… eine Bank?	… bank? [bank]
… eine Wechselstube?	… kantor (wymiany walut)? [kantorr (wimjane walut)]
Ich möchte … Euro (Schweizer Franken) in Złoty wechseln.	Chciałbym/f/Chciałabym wymienić … euro niemieckich (franków szwajcarskich) na złotówki. chtschjauabem/chtschjauabem wimjänietsch … äuro njämjäzkiech (frankuf schweizarskiech) na suotufkie]

POST

Was kostet …	Ile kosztuje … [ilä koschtujä]
… ein Brief …	… list … [liest]
… eine Postkarte …	… pocztówka … [potschtufka]

▨ ZAHLEN ▨

1	jeden [jädän]	8	osiem [osjchjäm]
2	dwa [dwa]	9	dziewięć [dschjäwjäntsch]
3	trzy [tsche]	10	dziesięć [dschjäschentsch]
4	cztery [tschtäre]	100	sto [stoh]
5	pięć [pjäntsch]	1000	tysiąc [tischjonz]
6	sześć [schäschtsch]	1/2	jedna druga [jädna druga]
7	siedem [schedäm]	1/4	jedna czwarta [jädna tschfarta]

Świętokrzyska-Brücke mit der Sirene

> UNTERWEGS IN WARSCHAU

Die Seiteneinteilung für den Reiseatlas finden Sie auf
dem hinteren Umschlag dieses Reiseführers

CITY ATLAS

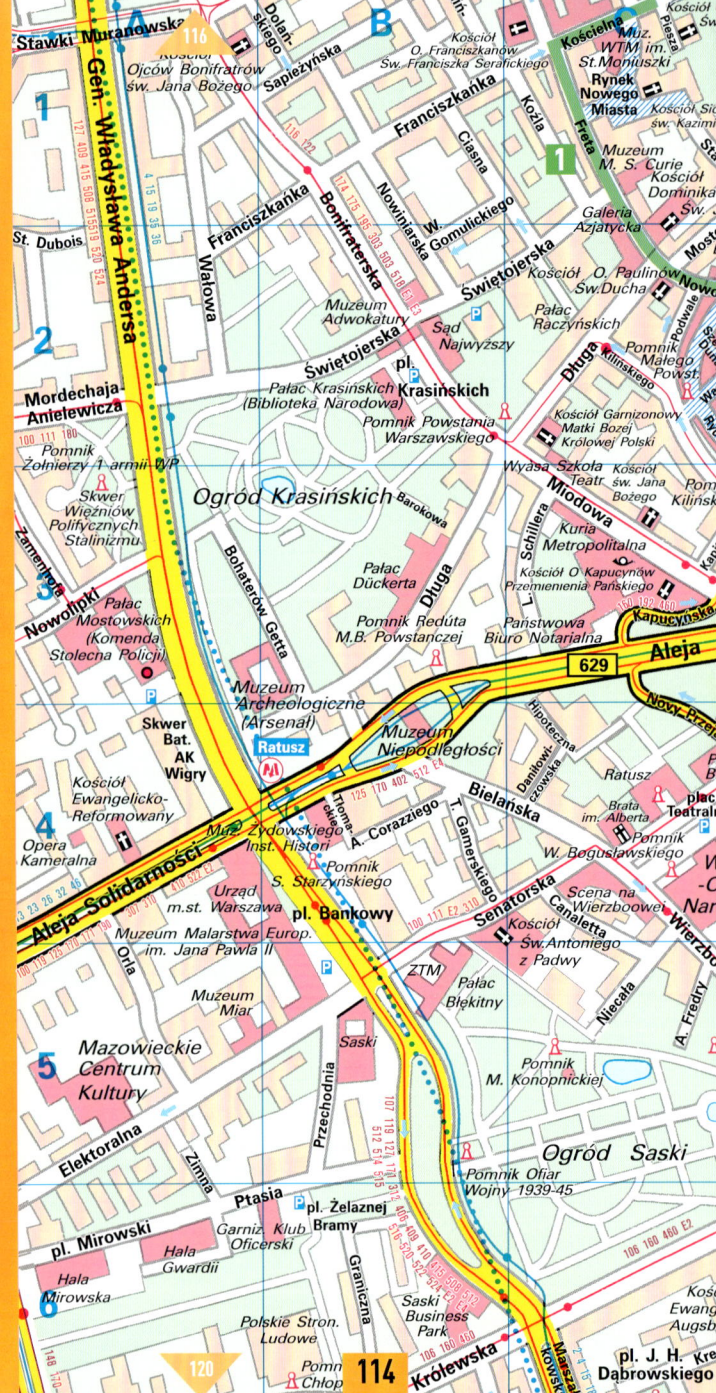

Stawki Muranowska
116
Kościół
Ojców Bonifratrów
św. Jana Bożego
Gen. Władysława Andersa
Dolań-
skiego
Sapieżyńska
Kościół
O. Franciszkanów
Sw. Franciszka Seraficki ego
B
Kościelna
Muz.
WTM im.
St.Moniuszki
Rynek
Nowego
Miasta
Kościół O
Św.
Franciszkanka
Ciasna
Koźla
Freta
Kościół Sióś
św. Kazimie
Muzeum
M. S. Curie
Kościół
Dominikan
Sw. Ja
Galeria
Azjatycka
St. Dubois
Franciszkańka
Bonifraterska
Nowiniarska
W.
Gomulickiego
Walowa
Świętojerska
Mostow
Nowom
Świętojerska
Kościół O. Paulinów
Sw.Ducha
Pałac
Raczyńskich
Podwale
Szeroki
Dlu
Wąski
Mordechaja-
Anielewicza
Pomnik
Żołnierzy 1 armii WP
Muzeum
Adwokatury
Sad
Najwyższy
pl.
Pałac Krasińskich Krasińskich
(Biblioteka Narodowa)
Pomnik Powstania
Warszawskiego
Długa
Pomnik
Malego
Powst.
Kilińskiego
Kościół Garnizonowy
Matki Bożej
Królowej Polski
Rycers
Skwer
Więzniów
Politycznych
Stalinizmu
Ogród Krasińskich
Barokowa
Wyższa Szkoła
Schillera
Kościół
Teatr
Sw. Jana
Bożego
Miodowa
Pomn
Kilińskie
Zamenhofa
Nowotipki
Pałac
Mostowskich
(Komenda
Stołeczna Policji)
Bohaterów Getta
Pałac
Dückerta
Długa
Kuria
Metropolitalna
Kościół O Kapucynów
Przemienienia Pańskiego
Kapitu
Pomnik Reduta
M.B. Powstańczej
Państwowa
Biuro Notarialna
Kapucyńska
629
Aleja
Skwer
Bat.
AK
Wigry
Muzeum
Archeologiczne
(Arsenał)
Ratusz
Muzeum
Niepodległości
Hipoteczna
Nowy Przejaz
Kościół
Ewangelicko-
Reformowany
Opera
Kameralna
Aleja Solidarności
Muz Żydowskiego
Inst. Histori
Thoma-
ckiego
A. Corazziego
T. Gemerskiego
Danilowi-
czowska
Bielańska
Ratusz
Brata
im. Alberta
Scena na
Wierzbowei
plac
Teatralny
Pal.
Bła
Pomnik
W. Bogusławskiego
Pomnik
S. Starzyńskiego
pl. Bankowy
Senatorska
Canaletta
Wi-
Op
Naro
Orla
Urząd
m.st Warszawa
Muzeum Malarstwa Europ.
im. Jana Pawla II
Kościół
Św.Antoniego
z Padwy
Wierzbow
ZTM
Pałac
Błękitny
Niecała
A. Fredry
Mazowieckie
Centrum
Kultury
Muzeum
Miar
Saski
Przechodnia
Pomnik
M. Konopnickiej
Ogród Saski
Elektoralna
Zimna
Ptasia
pl. Żelaznej
Bramy
Pomnik Ofiar
Wojny 1939-45
pl. Mirowski
Garniz Klub
Oficerski
Hala
Gwardii
Graniczna
Saski
Business
Park
Marszał-
kowska
Kościć
Ewangel
Augsbur
Hala
Mirowska
Polskie Stron.
Ludowe
120
114
Pomn
Chłop
Królewska
pl. J. H. Kred
Dąbrowskiego

117

Park Praski
Żołnierzy 1 Arm
W. Polskiego

nptorystów
a)

amentek

- Stara
hownia
Bolesć

STARE

n Schodki
Koło Muz
Historii
Warszawy

Rynek
Starego
Miasta

Muz.
Literatury
Teatr Starom.

MIASTO

Archikatedra
Św. Jana Chrzciciela

Pałac Ślubów

Muzea
pl. Zamkowy

Zamek
Królewski

Kolumna
Zygmunta III Wazy

Pałac
Pod Blachą

Pałac
Szaniawskich

Solidarności

Kościół
św. Anny

Kaplica
św. Teresy

Pałac
Prymasowski

Bednarska

Skwer
H. Hoovera

Muzeum
Karykatury

Pomnik
A. Mickiewicza

Prok.
Generalny

Kościół poseminaryjny
Wniebowzięcia N.M.P.I Józefa
Oblubieńca Bogurodzicy

Trębacka

Pałac Prezydencki

Metropolitan

Min.
Kultury

Pomnik ks. J. Poniatowskiego

Bristol

Karowa

Ossolińskich

wiadukt Markiewicza

enta W-wy
zyńskiego

Pomnik Bolesława Prusa

l. Marsz.
łsudskiego

Tokarzew-
skiego

Kościół
Sióstr Wizytek

anego
rza

Pomnik Ks. Kard.
S. Wyszyńskiego

Królewska

Muzeum
Uniwersytetu

aleria
acheta

Akademia
Sztuk Pięknych
& Muzea

Uniwersytet

Muze

Pałac
Kazimierzowski

Kazimierzowski

Park

Warszawski

Obożna

pl. St.
Małachow-
skiego

R. Traugutta

Muzeum
graficzne

Teatr
Kwadrat

Kościół
Św. Krzyża

Pomnik
M. Kopernika

Teatr
Polski

Dowcip

Min.
Finansów

Szpital
Dziecięcy

WISŁA

200m

Przystań
Zamek

most Śląsko-Dąbrowski

Wisłostrada

Wybrzeże Gdańskie

Wybrzeże
Helskie

E77

7

1 Żródłowa
2 Białoskórnicza
3 Krzywopoboczna
4 Garbarska
5 Boczna

Nowy Zjazd

Rynek
Marien
sztacki

Mariensztat

MARIENSZTAT

Bednarska

Furmańska

Dobra

Sowia

Szpital
Akademii
Medycznej

Karowa

Browarna

Gęsta

Wiślana

Lipowa

Lipowa

Biblioteka
UW

Radna

Leszczyńska

Sewerynów

Karasia

K. Koperni

Dynasy

Zaiecza

Cicha

Topiel

Drewn

J. Barto

121

115

D · E · F

1 · 2 · 3 · 4 · 5 · 6

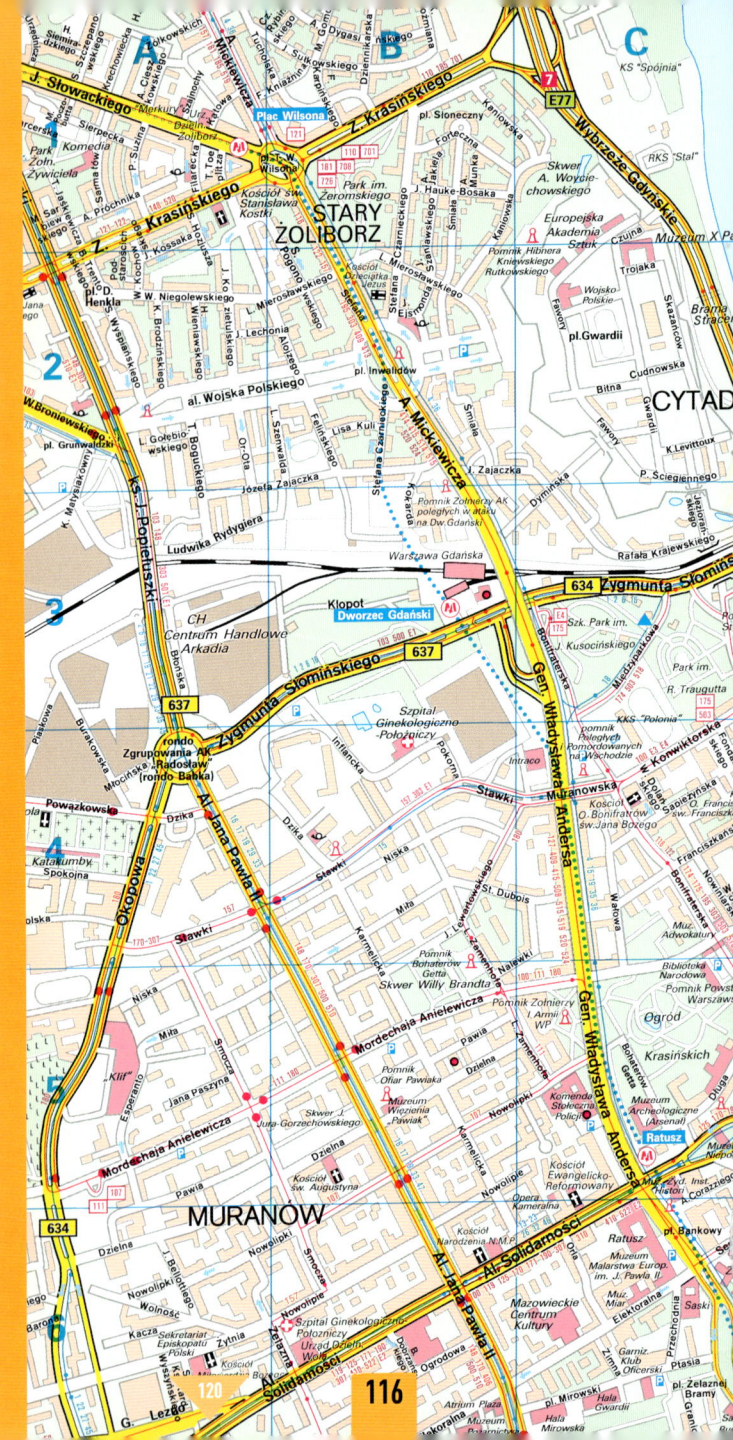

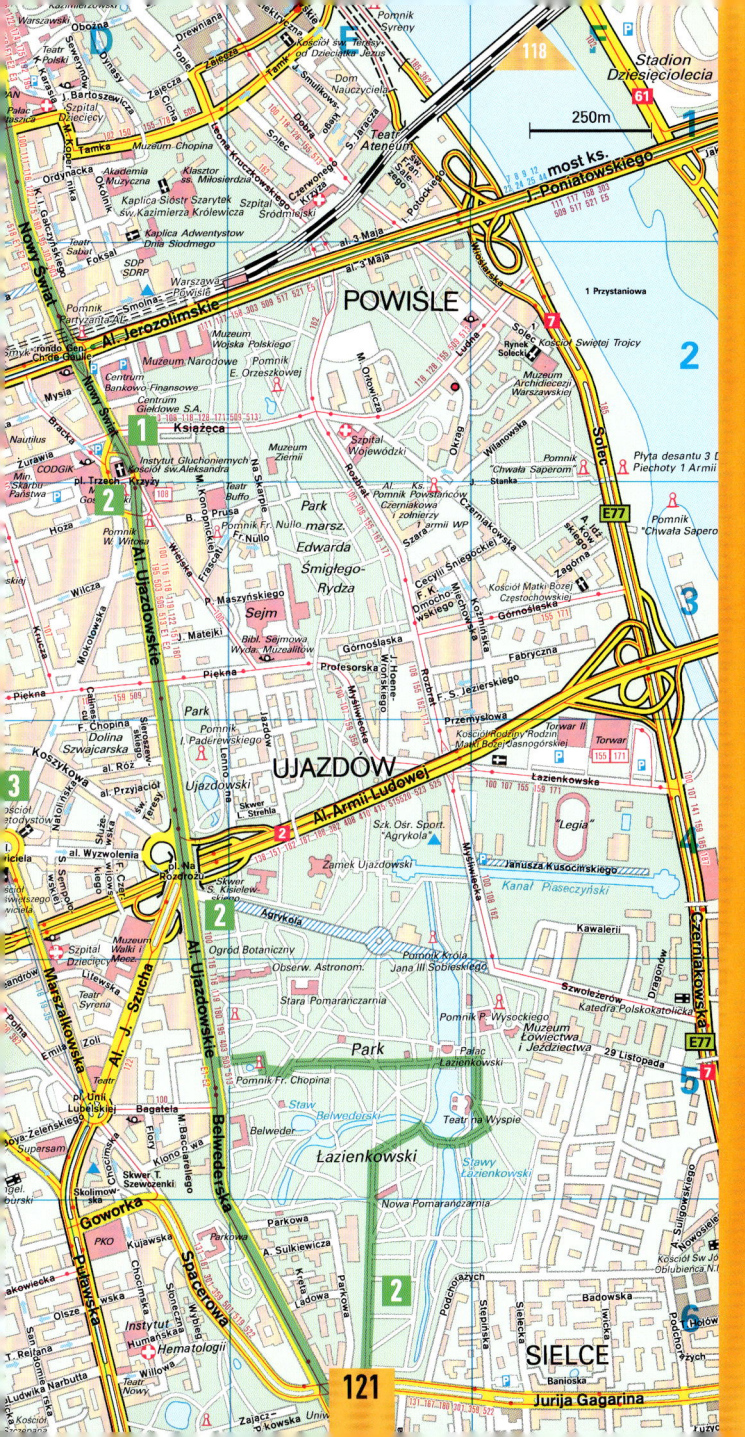

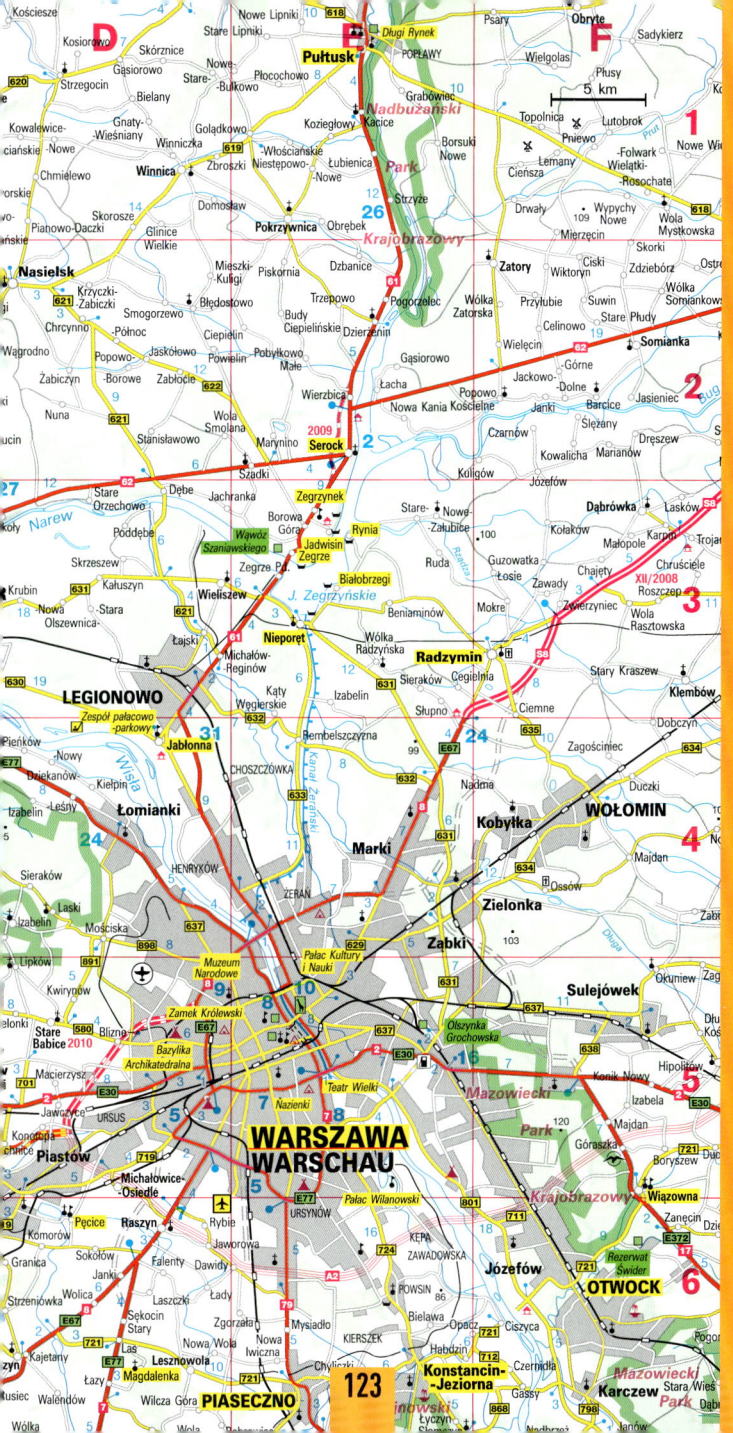

123

Das Register enthält eine Auswahl der im Cityatlas dargestellten Straßen und Plätze

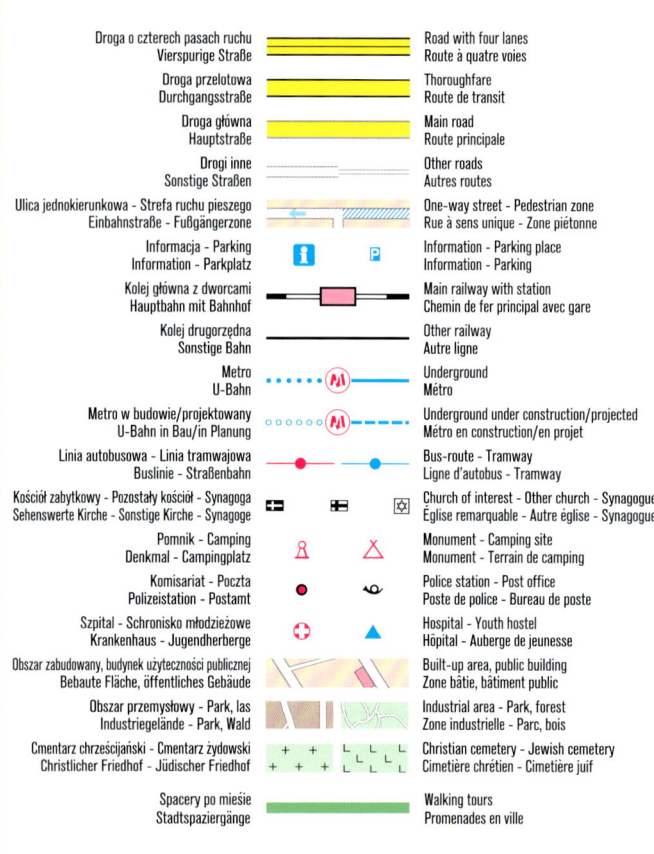

Droga o czterech pasach ruchu / Vierspurige Straße	Road with four lanes / Route à quatre voies
Droga przelotowa / Durchgangsstraße	Thoroughfare / Route de transit
Droga główna / Hauptstraße	Main road / Route principale
Drogi inne / Sonstige Straßen	Other roads / Autres routes
Ulica jednokierunkowa - Strefa ruchu pieszego / Einbahnstraße - Fußgängerzone	One-way street - Pedestrian zone / Rue à sens unique - Zone piétonne
Informacja - Parking / Information - Parkplatz	Information - Parking place / Information - Parking
Kolej główna z dworcami / Hauptbahn mit Bahnhof	Main railway with station / Chemin de fer principal avec gare
Kolej drugorzędna / Sonstige Bahn	Other railway / Autre ligne
Metro / U-Bahn	Underground / Métro
Metro w budowie/projektowany / U-Bahn in Bau/in Planung	Underground under construction/projected / Métro en construction/en projet
Linia autobusowa - Linia tramwajowa / Buslinie - Straßenbahn	Bus-route - Tramway / Ligne d'autobus - Tramway
Kościół zabytkowy - Pozostały kościół - Synagoga / Sehenswerte Kirche - Sonstige Kirche - Synagoge	Church of interest - Other church - Synagogue / Église remarquable - Autre église - Synagogue
Pomnik - Camping / Denkmal - Campingplatz	Monument - Camping site / Monument - Terrain de camping
Komisariat - Poczta / Polizeistation - Postamt	Police station - Post office / Poste de police - Bureau de poste
Szpital - Schronisko młodzieżowe / Krankenhaus - Jugendherberge	Hospital - Youth hostel / Hôpital - Auberge de jeunesse
Obszar zabudowany, budynek użyteczności publicznej / Bebaute Fläche, öffentliches Gebäude	Built-up area, public building / Zone bâtie, bâtiment public
Obszar przemysłowy - Park, las / Industriegelände - Park, Wald	Industrial area - Park, forest / Zone industrielle - Parc, bois
Cmentarz chrześcijański - Cmentarz żydowski / Christlicher Friedhof - Jüdischer Friedhof	Christian cemetery - Jewish cemetery / Cimetière chrétien - Cimetière juif
Spacery po mieśie / Stadtspaziergänge	Walking tours / Promenades en ville

FÜR IHRE NÄCHSTE REISE
gibt es folgende MARCO POLO Titel:

DEUTSCHLAND
Allgäu
Amrum/Föhr
Bayerischer Wald
Berlin
Bodensee
Chiemgau/Berchtes-
 gadener Land
Dresden/Sächsische
 Schweiz
Düsseldorf
Eifel
Erzgebirge/Vogtland
Franken
Frankfurt
Hamburg
Harz
Heidelberg
Köln
Lausitz/Spreewald/
 Zittauer Gebirge
Leipzig
Lüneburger Heide/
 Wendland
Mark Brandenburg
Mecklenburgische
 Seenplatte
Mosel
München
Nordseeküste
 Schleswig-
 Holstein
Oberbayern
Ostfriesische Inseln
Ostfriesland/
 Nordseeküste
 Niedersachsen/
 Helgoland
Ostseeküste
 Mecklenburg-
 Vorpommern
Ostseeküste
 Schleswig-
 Holstein
Pfalz
Potsdam
Rheingau/
 Wiesbaden
Rügen/Hiddensee/
 Stralsund
Ruhrgebiet
Schwäbische Alb
Schwarzwald
Stuttgart
Sylt
Thüringen
Usedom
Weimar

ÖSTERREICH | SCHWEIZ
Berner Oberland/
 Bern
Kärnten
Österreich
Salzburger Land
Schweiz
Tessin
Tirol
Wien
Zürich

FRANKREICH
Bretagne
Burgund
Côte d'Azur/Monaco
Elsass
Frankreich
Französische
 Atlantikküste
Korsika
Languedoc-Roussillon
Loire-Tal
Nizza/Antibes/Cannes/
 Monaco
Normandie
Paris
Provence

ITALIEN | MALTA
Apulien
Capri
Dolomiten
Elba/Toskanischer
 Archipel
Emilia-Romagna
Florenz
Gardasee
Golf von Neapel
Ischia
Italien
Italienische Adria
Italien Nord
Italien Süd
Kalabrien
Ligurien/
 Cinque Terre
Mailand/Lombardei
Malta/Gozo
Oberital. Seen
Piemont/Turin
Rom
Sardinien
Sizilien/
 Liparische Inseln
Südtirol
Toskana
Umbrien
Venedig
Venetien/Friaul

SPANIEN | PORTUGAL
Algarve
Andalusien
Barcelona
Baskenland/Bilbao
Costa Blanca
Costa Brava
Costa del Sol/Granada
Fuerteventura
Gran Canaria
Ibiza/Formentera
Jakobsweg/Spanien
La Gomera/El Hierro
Lanzarote
La Palma
Lissabon
Madeira
Madrid
Mallorca
Menorca
Portugal
Sevilla
Spanien
Teneriffa

NORDEUROPA
Bornholm
Dänemark
Finnland
Island
Kopenhagen
Norwegen
Schweden
Stockholm
Südschweden

WESTEUROPA | BENELUX
Amsterdam
Brüssel
Dublin
England
Flandern
Irland
Kanalinseln
London
Luxemburg
Niederlande
Niederländische
 Küste
Schottland
Südengland

OSTEUROPA
Baltikum
Budapest
Estland
Kaliningrader
 Gebiet
Lettland
Litauen/Kurische
 Nehrung
Masurische Seen
Moskau
Plattensee
Polen
Polnische Ostsee-
 küste/Danzig
Prag
Riesengebirge
Russland
Slowakei
St. Petersburg
Tschechien
Ungarn
Warschau

SÜDOSTEUROPA
Bulgarien
Bulgarische
 Schwarzmeerküste
Kroatische Küste/
 Dalmatien
Kroatische Küste/
 Istrien/Kvarner
Montenegro
Rumänien
Slowenien

GRIECHENLAND | TÜRKEI | ZYPERN
Athen
Chalkidiki
Griechenland
 Festland
Griechische
 Inseln/Ägäis
Istanbul
Korfu
Kos
Kreta
Peloponnes
Rhodos
Samos
Santorin
Türkei
Türkische Südküste
Türkische Westküste
Zakinthos
Zypern

NORDAMERIKA
Alaska
Chicago und
 die Großen Seen
Florida
Hawaii
Kalifornien
Kanada
Kanada Ost
Kanada West
Las Vegas
Los Angeles
New York
San Francisco
USA
USA Neuengland/
 Long Island
USA Ost
USA Südstaaten/
 New Orleans
USA Südwest
USA West
Washington D.C.

MITTEL- UND SÜDAMERIKA
Argentinien
Brasilien
Chile
Costa Rica
Dominikanische
 Republik
Jamaika
Karibik/
 Große Antillen
Karibik/
 Kleine Antillen
Kuba
Mexiko
Peru/Bolivien
Venezuela
Yucatán

AFRIKA | VORDERER ORIENT
Agypten
Djerba/
 Südtunesien
Dubai/Vereinigte
 Arabische Emirate
Israel
Jerusalem
Jordanien
Kapstadt/
 Wine Lands/
 Garden Route
Kenia
Marokko
Namibia
Qatar/Bahrain/
 Kuwait
Rotes Meer/Sinai
Südafrika
Tunesien

ASIEN
Bali/Lombok
Bangkok
China
Hongkong/
 Macau
Indien
Japan
Ko Samui/
 Ko Phangan
Malaysia
Nepal
Peking
Philippinen
Phuket
Rajasthan
Shanghai
Singapur
Sri Lanka
Thailand
Tokio
Vietnam

INDISCHER OZEAN | PAZIFIK
Australien
Malediven
Mauritius
Neuseeland
Seychellen
Südsee

REGISTER

In diesem Register finden Sie alle Sehenswürdigkeiten, Museen sowie wichtige Personen. Halbfette Seitenzahlen verweisen auf den Haupteintrag, kursive auf ein Foto.

> SCHREIBEN SIE UNS!

Liebe Leserin, lieber Leser,

wir setzen alles daran, Ihnen möglichst aktuelle Informationen mit auf die Reise zu geben. Dennoch schleichen sich manchmal Fehler ein – trotz gründlicher Recherche unserer Autoren/innen. Sie haben sicherlich Verständnis, dass der Verlag dafür keine Haftung übernehmen kann.

Wir freuen uns aber, wenn Sie uns schreiben.

Senden Sie Ihre Post an die
MARCO POLO Redaktion,
MAIRDUMONT, Postfach 31 51,
73751 Ostfildern,
info@marcopolo.de

IMPRESSUM

Titelbild: Pferdegespann in der Altstadt (alamy images: Julian Nieman)
Fotos: alamy images: Julian Nieman (1); Anna Dobrowolska (12 o.); ©fotolia.com: DWP (15 u.), photooiasson (14 u.), sasha (13 u.), Snowball (97 u. r.); R. Freyer (U. l., U. M., U. r., 2 l., 2 r., 3 l., 3 M., 4 l., 4 r., 16/17, 20/21, 26, 31, 32/33, 35, 36, 38, 42, 48, 56/57, 58, 61, 63, 65, 66/67, 68, 70, 74, 77, 79, 80/81, 82, 85, 86, 88, 88/89, 112/113); ©iStockphoto.com: Ben Blankenburg (15 M.), Diane Diederich (97 o. l.), Menno van Dijk (97 M r.), HannamariaH (96 o. l.), Lit Liu (96 u. r.), ShyMan (96 M. l.); K. Krohn (130); Laif: TOP (64); OBERZA POD CZERWONYM WIEPRZEM: Adam Jagielak (97 M. l.); Smacza Jama: Leon Kowalski (15 o.); T. Stankiewicz (101); Transit-Archiv: Hirth (3 r., 5, 6/7, 8/9, 11, 20, 21, 22/23, 29, 41, 44, 46/47, 50, 52, 54, 72/73, 89, 90/91, 93, 94, 98/99); Twożywo (12 u.); WarsawParkour.com: Karolina Rautalahti (13 o.); www.wygodnyrower.pl: Karol Poplawski (96 M. r.); Young Polish Designers Foundation (14 o.)

2., aktualisierte Auflage 2009
© MAIRDUMONT GmbH & Co. KG, Ostfildern
Chefredaktion: Michaela Lienemann, Marion Zorn
Autor: Mirko Kaupat, Mitarbeit: Thoralf Plath, Bearbeitung: Knut Krohn; Redaktion: Beatrix Müller-Kapuscinski
Programmbetreuung: Jens Bey, Silwen Randebrock; Bildredaktion: Gabriele Forst
Szene/24h: wunder media, München; Kartografie Reiseatlas: © MAIRDUMONT, Ostfildern
Innengestaltung: Zum goldenen Hirschen, Hamburg; Titel/S. 1–3: Factor Product, München
Sprachführer: in Zusammenarbeit mit Ernst Klett Sprachen GmbH, Stuttgart, Redaktion PONS Wörterbücher

> UNSER INSIDER

MARCO POLO Korrespondent Dr. Knut Krohn im Interview

Knut Krohn lebt seit Anfang 2007 mit seiner Familie in Warschau und arbeitet als Korrespondent für die Frankfurter Rundschau.

Sind Sie freiwillig nach Warschau gezogen?

Diese Frage wird mir ständig gestellt. Aus journalistischer Sicht kann man sich kaum einen besseren Platz vorstellen als Polen. Immer wieder bin ich damit beschäftigt, auf beiden Seiten Vorurteile aus dem Weg zu räumen. Der häufigste Satz von Freunden, die meine Familie und mich in Warschau besuchen. „Mensch, hier sieht es ja aus wie bei uns in Deutschland!".

Wie war Ihr erster Eindruck?

Ganz ehrlich: kein wirklich guter. Ich habe im Februar hier begonnen zu arbeiten, es war kalt und grau. Warschau ist keine Stadt, die ihre Besucher fröhlich anspringt. Sie ist eher zurückhaltend, eine herbe Schönheit. Unter dieser etwas rauen Oberfläche aber verbirgt sich wirklich Wunderbares. Die Menschen sind unglaublich freundlich und zuvorkommend. Vor allem die jungen Leute strotzen vor Neugier und Unternehmungslust. Ich kenne kaum eine Stadt in Europa, die sich so schnell verändert, alle nur erdenklichen Trends aufnimmt, verarbeitet und eigenständig weiterentwickelt wie Warschau.

Was hat Sie am meisten erstaunt?

Der Kontrast zwischen Winter und Sommer. Kaum scheint im Frühjahr die Sonne, stellen die Wirte Stühle und Tische auf den Gehsteig. Auf dem Nowy Świat, der Flaniermeile Warschaus, fühlt man sich plötzlich wie mitten in Rom oder Paris. Dann merkt man, wie grün Warschau in Wirklichkeit ist. Es gibt viele schöne Parks und kleine Anlagen.

Was gefällt Ihnen nicht so an Warschau?

Da brauche ich nicht lange zu überlegen: die Autofahrer. Wenn ein Pole am Steuer sitzt, geschieht eine seltsame Verwandlung mit ihm und er vergisst die ihm angeborene Rücksicht und Zuvorkommenheit.

Was machen Sie in Ihrer Freizeit?

Meine Familie und ich sind sehr sportlich, wir fahren viel mit dem Rad. Am Wochenende nutzen wir oft die Gelegenheit, um auf Entdeckungsreise zu gehen, v.a. in die Nationalparks.

Wie vertragen Sie die polnische Küche?

Ich liebe das polnische Essen. Sauerkraut, Fleisch, saure Suppen. Wunderbar! Leider macht sich aber auch hier langsam der westliche Einfluss bemerkbar. Es wird auf Kalorien geachtet, die Dinge müssen leicht verdaulich sein. Ich halte es da lieber mit den alten Polen: nach dem Essen einen guten Wodka – der ist hier in Polen der Beste der Welt.

ENTDECKEN SIE WARSCHAU!

Unsere Top 15 führen Sie an die traumhaftesten Orte und zu den spannendsten Sehenswürdigkeiten

Die Highlights sind in der Karte auf dem hinteren Umschlag eingetragen

Altstadtmarkt (Rynek Starego Miasta)
Malerische Bürgerhäuser und imposante Kirchen, anhand von Gemälden Stein für Stein wieder aufgebaut (Seite 30)

St.-Annen-Kirche (kościół św. Anny)
Eine kleine Schatztruhe von großer religiöser Bedeutung (Seite 35)

Galeria Zachęta
In dem klassizistischen Bau verbirgt sich die wohl beste Galerie moderner Kunst in Polen (Seite 38)

Heiligkreuzkirche (kościół św. Krzyża)
In dem Gotteshaus liegen bedeutende polnische Könige (Seite 39)

Nationalmuseum (Muzeum Narodowe)
Eines der wichtigsten Museen Polens. Berühmt auch für seine herausragenden Sonderausstellungen (Seite 40)

Plac Piłsudskiego
Kein Nationalfeiertag, ohne dass dieser Platz von Zehntausenden bevölkert wird (Seite 41)

Kulturpalast (Pałac Kultury i Nauki)
Wahrzeichen der Stadt und Ort verschiedener kultureller Institutionen (Seite 43)

Praga
Der Stadtteil rechts der Weichsel erlebt eine Renaissance als Viertel von Künstlern und Alternativen (Seite 47)

INHALT